KB269785

상상력으로 풀어보는 요한계시록

상상력으로 풀어보는
요한계시록

초판 1쇄 인쇄일_2010년 3월 25일
초판 1쇄 발행일_2010년 3월 31일

지은이_김성민
일러스트_이윤수
펴낸이_최길주

펴낸곳_도서출판 BG북갤러리
등록일자_2003년 11월 5일(제318-2003-00130호)
주소_서울시 영등포구 여의도동 14-5 아크로폴리스 406호
전화_02)761-7005(代) | 팩스_02)761-7995
홈페이지_http://www.bookgallery.co.kr
E-mail_cgjpower@yahoo.co.kr

ⓒ 김성민, 2010

값 8,500원

* 저자와 협의에 의해 인지는 생략합니다.
* 잘못된 책은 바꾸어 드립니다.

ISBN 978-89-91177-96-3 03230

상상력으로 풀어보는

요한
계시록

김성민 지음

북갤러리

누가 쉽게 미래를 말할 수 있을까?

21세기를 살고 있는 대부분의 사람들의 관심사는 무엇일까? 아마 그것은 '미래'일 것이다. 미래는 두 가지 측면에서의 접근이 필요하다. 하나는 사람들이 원하는 미래이고, 다른 하나는 예정된 미래일 것이다. 본인은 예정된 미래에 관심을 많이 가지고 있다. 많은 사람들이 생각하고 원하는 미래란 어쩌면 불가능한 말이 되기 쉽기 때문이다. 지금 미래는 극소수의 사람들에 의해서 계획되어지고, 만들어지는 미래이다. 하지만 신을 믿는 본인으로서는 극소수의 사람들이 만들어가는 미래보다는 신의 예정에 더 관심을 가지고 있다.

성경은 미래에 관하여 다른 어떤 책보다 많은 내용을 담고 있다. 상상력이 조금 더해진다면 사람들이 생각해 보지 못했던 미래에 더 가까이 다가갈 수 있지 않을까?

본인은 신학도 배웠고, 전통 있는 교단에서 목사 안수도 받았

다. 그리고 몇 년을 목회하며 시름하기도 했다. 하지만 현실의 문제뿐만 아니라 미래의 많은 문제들이 목회를 위한 것보다 미래 자체에 대한 관심으로 번져갔다.

누가 쉽게 미래를 말할 수 있을까? 하지만 미래를 생각하며 상상하게 되는 그 세계는 '무엇을 바탕으로 열어가려고 하는가' 하는 것이 중요할 것이다.

이 책에 다루고자 하는 것은 본인의 상상력으로 만들어낸 성경의 다른 측면일 것이다.

2010년 2월

김성민

차례

제3부 죽은 자들에 대한 심판

제1부

새로운 왕의 즉위식

제1장 이 세상 임금

이 세상 임금은 누구일까? 많은 사람들은 이 세상을 실제적인 권세를 가지고 다스리고 있는 존재가 누구인지 잘 알지 못한다. 성경은 지금 이 세상을 다스리고 있는 임금을 사단이라고 한다. 많은 기독교인들은 예수님이 십자가를 지심으로 사단의 권세가 끝이 나고, 그리스도의 승리를 선포하면 하나님의 나라가 이 세상에 온전히 임할 것이라고 생각한다. 하지만 예수님께서 재림하셔서 사단의 권세를 완전히 심판하시고 멸하시기 전까지는 사단이 변함없이 이 세상의 임금으로 남아 있다.

성경의 다음 구절들은 이 세상 임금에 대해서 언급하고 있다.

(요 12:31) 『이제 이 세상의 심판이 이르렀으니 이 세상 임금이 쫓겨나
　　　　　리라』

(요 14:30) 『이 후에는 내가 너희와 말을 많이 하지 아니하리니 이 세상 임
　　　　　금이 오겠음이라 그러나 저는 내게 관계할 것이 없으니』

(요 16:11) 『심판에 대하여라 함은 이 세상 임금이 심판을 받았음이니라』

　성경에서 다루고 있는 이 세상 임금이란 사람을 뜻하는 것이 아
니라 사단이라고 칭해지는 존재를 말하고 있는 것이다. 사단은 자
신이 이 세상의 권세자라는 것을 직접 말한 적이 있다.

(눅 4:5-6) 『[5] 마귀가 또 예수를 이끌고 올라가서 순식간에 천하 만국을
　　　　　보이며 [6] 가로되 이 모든 권세와 그 영광을 내가 네게 주리라
　　　　　이것은 내게 넘겨 준 것이므로 나의 원하는 자에게 주노라』

　사단이라고 하는 존재는 자신에게 주어진 세상의 권세를 자신
이 원하는 자에게 줄 수 있는 존재일 뿐만 아니라, 세상의 역사
와 전통을 만들어 사람들을 다스려왔다. 사단은 마귀라고도 하고
옛 뱀 혹은 용이라고 한다.

(계 12:9) 『큰 용이 내어 쫓기니 옛 뱀 곧 마귀라고도 하고 사단이라고도 하
　　　　　는 온 천하를 꾀는 자라 땅으로 내어 쫓기니 그의 사자들도 저와

함께 내어 쫓기니라』

이 세상은 강한 자가 주인이 되는 곳이다. 역사를 보면 강한 자가 일어나서 제국을 만들면, 그 제국에 의해서 세상이 다스려지는 것을 볼 수 있다. 성경을 보면, 원래 아담이 이 세상을 다스리는 자로 지어지고 세워졌지만 그의 범죄로 인해서 죄가 세상에 들어오면서 사망의 권세가 세상을 다스리는 가장 강한 권세가 되었다고 한다.

(롬 5:12) 『이러므로 한 사람으로 말미암아 죄가 세상에 들어오고 죄로 말미암아 사망이 왔나니 이와 같이 모든 사람이 죄를 지었으므로 사망이 모든 사람에게 이르렀느니라』

사단은 이 세상에서 가장 강하고, 가장 지혜로운 자이며, 지금의 이 세상의 권세를 잡고 있다. 그의 권세는 사망과 음부의 권세라는 것인데, 그 권세는 사람들의 인생에서 마지막에 찾아오는 '죽음'의 권세이다.

이 세상 임금인 사단은 새로운 왕이 세워지기 전까지는 패하여질 수 없는 권세를 가지고 있고, 그에 대한 심판은 새로운 왕이 등장하기 전까지는 미루어지게 되어 있다.

새로운 왕의 즉위식

(눅 19:12-27) 『[12] 가라사대 어떤 귀인이 왕위를 받아 가지고 오려고 먼 나라로 갈 때에 [13] 그 종 열을 불러 은 열 므나를 주며 이르되 내가 돌아오기까지 장사하라 하니라 [14] 그런데 그 백성이 저를 미워하여 사자를 뒤로 보내어 가로되 우리는 이 사람이 우리의 왕 됨을 원치 아니하노이다 하였더라 [15] 귀인이 왕위를 받아 가지고 돌아와서 은 준 종들의 각각 어떻게 장사한 것을 알고자 하여 저희를 부르니 [16] 그 첫째가 나아와 가로되 주여 주의 한 므나로 열 므나를 남겼나이다 [17] 주인이 이르되 잘 하였다 착한 종이여 네가 지극히 작은 것에 충성하였으니 열 고을 권세를 차지하라 하고 [18] 그 둘째가 와서 가로되 주여 주의 한 므나로 다섯 므나를 만들었나이다 [19] 주인이 그에게도 이르되 너도 다섯 고을을 차지하라 하고 [20] 또 한 사람이 와서 가로되 주여 보소서 주의 한 므나가 여기 있나이다 내가 수건으로 싸 두었었나이다 [21] 이는 당신이 엄한 사람인 것을 내가 무서워함이라 당신은 두지 않은 것을 취하고 심지 않은 것을 거두나이다 [22] 주인이 이르되 악한 종아 내가 네 말로 너를 판단하노니 너는 내가 두지 않은 것을 취하고 심지 않은 것을 거두는 엄한 사람인 줄을 알았느냐 [23] 그러면 어

찌하여 내 은을 은행에 두지 아니하였느냐 그리하였으면 내가 와서 그 변리까지 찾았으리라 하고 [24] 곁에 섰는 자들에게 이르되 그 한 므나를 빼앗아 열 므나 있는 자에게 주라 하니 [25] 저희가 가로되 주여 저에게 이미 열 므나가 있나이다 [26] 주인이 가로되 내가 너희에게 말하노니 무릇 있는 자는 받겠고 없는 자는 그 있는 것도 빼앗기리라 [27] 그리고 나의 왕 됨을 원치 아니하던 저 원수들을 이리로 끌어다가 내 앞에서 죽이라 하였느니라』

한 귀인이 왕위를 가지러 먼 나라로 갔고, 그가 왕권을 가지고 오는 것을 반대하고 싫어하는 사람들이 있었다. 위의 본문에서 누가 왕권을 가지고 오는 것을 싫어할까? 자세하게 다루지는 않지만 이야기의 흐름상으로 보면 기득권을 가지고 있었던 사람들이라는 것을 쉽게 생각해 볼 수 있다. 왕권을 가지고 돌아온 귀인이 어떻게 자신을 반대했던 무리들에게 행했는가? 그는 "그들을 죽이라"고 명령한다. 위의 본문에서 생각해 보아야 하는 또 다른 메시지는 '이 세상의 왕권은 스스로 취하지 못한다'는 것이다. 왕의 위치란 백성들이 선택하는 것이 아니라 왕의 자격이 있는 자가 하늘로부터 취하는 것임을 알 수 있다. 이 세상의 왕이 되기 위해서 갖추어야 할 자격은 무엇일까? 다음의 본문은 왕의 즉위식의 모습을 보여 주고 있다.

(계5:1-14) 『[1] 내가 보매 보좌에 앉으신 이의 오른손에 책이 있으니 안팎으로 썼고 일곱 인으로 봉하였더라 [2] 또 보매 힘 있는 천사가 큰 음성으로 외치기를 누가 책을 펴며 그 인을 떼기에 합당하냐 하니 [3] **하늘 위에나 땅 위에나 땅 아래**에 능히 책을 펴거나 보거나 할 이가 없더라 [4] 이 책을 펴거나 보거나 하기에 합당한 자가 보이지 않기로 내가 크게 울었더니 [5] 장로 중에 하나가 내게 말하되 울지 말라 유대 지파의 사자 다윗의 뿌리가 이기었으니 이 책과 그 일곱 인을 떼시리라 하더라 [6] 내가 또 보니 보좌와 네 생물과 장로들 사이에 어린양이 섰는데 일찍 죽임을 당한 것 같더라 일곱 뿔과 일곱 눈이 있으니 이 눈은 온 땅에 보내심을 입은 하나님의 일곱 영이더라 [7] 어린양이 나아와서 보좌에 앉으신 이의 오른손에서 책을 취하시니라 [8] 책을 취하시매 네 생물과 이십사 장로들이 어린양 앞에 엎드려 각각 거문고와 향이 가득한 금대접을 가졌으니 이 향은 성도의 기도들이라 [9] 새 노래를 노래하여 가로되 책을 가지시고 그 인봉을 떼기에 합당하시도다 일찍 죽임을 당하사 각 족속과 방언과 백성과 나라 가운데서 사람들을 피로 사서 하나님께 드리시고 [10] 저희로 우리 하나님 앞에서 나라와 제사장을 삼으셨으니 저희가 땅에서 왕 노릇 하리로다 하더라 [11] 내가 또 보고 들으매 보좌와 생물들과 장로들을 둘러 선 많은 천사의 음성이 있으니 그 수가 만만이요 천천이라 [12]

큰 음성으로 가로되 죽임을 당하신 어린양이 능력과 부와 지혜와 힘과 존귀와 영광과 찬송을 받으시기에 합당하도다 하더라 [13] 내가 또 들으니 하늘 위에와 땅 위에와 땅 아래와 바다 위에와 또 그 가운데 모든 만물이 가로되 보좌에 앉으신 이와 어린양에게 찬송과 존귀와 영광과 능력을 세세토록 돌릴지어다 하니 [14] 네 생물이 가로되 아멘 하고 장로들은 엎드려 경배하더라』

왕이 하나님의 보좌로부터 취하게 되는 권세는 '하늘 위와 땅 위와 땅 아래'에 대한 통치권이다. 이러한 권세를 가지기 위해서는 반드시 '승리자'이어야 한다. 새로운 왕이 되고자 하는 자가 반드시 이겨야 하는 존재가 있다. 그는 사망의 권세를 잡고 있는 이 세상 임금인 사단을 이겨야 했고, 그 증거로 죽었다가 살아난 자여야 했다. (6절)

또한 왕이 되고자 하는 자가 왕권을 취하기 위해서는 세 부류의 존재들에게 인정을 받아야 되는데, 그 과정은 다음에 자세하게 열거되어 있다. 이들 세 부류는 다음과 같다.

1) 네 생물(그룹들)과 이십사 장로들

2) 천군들과 천사들

3) 하늘 위와 땅 위와 땅 아래에 속해 있는 모든 만물들

첫 번째 부류들은 통치자의 위치에 있는 그룹들과 장로들인데, 그들은 12절의 새 노래를 부름으로 새로운 왕이 권세를 잡기에 합당하다는 것을 선포한다. 두 번째 부류들은 천군과 천사들인데, 이들도 11절-12절을 통해서 새로운 왕을 인정한다. 마지막 부류들은 13절에서 언급하는 모든 만물들인데, 이들은 영광을 하나님과 새로운 왕에게 돌림으로 자신들의 뜻을 전한다. 모든 과정이 끝이 나면, 14절에서 보듯이 장로들이 "아멘"으로 화답하며 마치게 된다.

새로운 왕이 되기 위해서는 충분한 자격을 갖추어야 하며, 가장 강해야 하고, 가장 지혜로워야 하며, 모두의 인정을 받아야 한다는 것을 알 수 있다.

새로운 왕의 즉위식은 하늘 위에와 땅 위에와 땅 아래에 대한 모든 권세를 취하게 되는 왕이 세워졌음을 의미한다. 불법으로 왕이 된 사단(이 말은 사단이 위의 절차를 거치지 않았음을 말한다)은 심판을 받아서 쫓겨나게 되는데, 이것이 심판에 대한 내용이다.

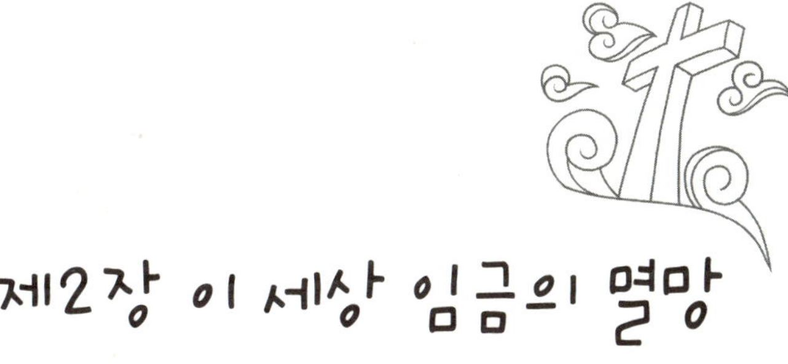

제2장 이 세상 임금의 멸망

이 세상 임금은 4단계의 패배를 통해서 자신의 모든 권세를 잃게 된다.

1단계 : 부활의 권세에 패함 – 사망과 음부의 열쇠를 빼앗김

예수라는 사람이 이 세상에 태어났다. 그는 십자가를 지고, 죽었다. 하지만 부활의 권세로 다시 살아났다. 예수라는 분이 부활의 권능으로 사단의 사망의 권세를 이김으로 사단은 사망과 음부의 열쇠를 빼앗기게 된다. 다음의 본문을 보자.

(계 1:18) 『곧 산 자라 내가 전에 죽었었노라 볼지어다 이제 세세토록 살아

있어 사망과 음부의 열쇠를 가졌노니』

사단이 사망과 음부의 열쇠를 빼앗김으로 인해서 예수라는 분은 사람들을 사망에서 생명으로 옮기실 수 있으셨을 뿐만 아니라 사망에 매여 있었던 사람들을 자신의 부활 때에 함께 부활케 하셨다.

(마 27:53) 『예수의 부활 후에 저희가 무덤에서 나와서 거룩한 성에 들어가 많은 사람에게 보이니라』

사단은 가장 먼저 사망과 음부의 열쇠를 빼앗김으로 인해서 자신의 권세에 치명상을 입었다.

2단계 : 하늘에서의 전쟁에서 패함 - 공중 권세를 빼앗김

사단은 자신의 공중 권세로 세상의 풍습을 만들고, 세상을 자신이 임의로 다스려 왔다. 하지만 성경은 사단이 하늘의 전쟁에서 예수라는 분에게 패함으로 자신의 공중 권세를 잃어버리게 된다고 전하고 있다. 이것이 두 번째 패배이다.

(계 12:7-12) 『[7] 하늘에 전쟁이 있으니 미가엘과 그의 사자들이 용으로

더불어 싸울새 용과 그의 사자들도 싸우나 [8] 이기지 못하여 다시 하늘에서 저희의 있을 곳을 얻지 못한지라 [9] 큰 용이 내어 쫓기니 옛 뱀 곧 마귀라고도 하고 사단이라고도 하는 온 천하를 꾀는 자라 땅으로 내어 쫓기니 그의 사자들도 저와 함께 내어 쫓기니라 [10] 내가 또 들으니 하늘에 큰 음성이 있어 가로되 이제 우리 하나님의 구원과 능력과 나라와 또 그의 그리스도의 권세가 이루었으니 우리 형제들을 참소하던 자 곧 우리 하나님 앞에서 밤낮 참소하던 자가 쫓겨났고 [11] 또 여러 형제가 어린양의 피와 자기의 증거하는 말을 인하여 저를 이기었으니 그들은 죽기까지 자기 생명을 아끼지 아니하였도다 [12] 그러므로 하늘과 그 가운데 거하는 자들은 즐거워하라 그러나 땅과 바다는 화 있을진저 이는 마귀가 자기의 때가 얼마 못 된 줄을 알므로 크게 분내어 너희에게 내려 갔음이라 하더라』

사단은 공중의 권세라고 부르는 하늘 권세를 가지고 있었고, 그 권세를 통해서 세상을 자신의 임의로 다스릴 수 있었다. 하지만 예수라는 분의 재림 과정에서 하늘의 전쟁이 일어나고, 사단과 그의 사자들은 더 이상 공중의 권세를 잡지 못하고 패하여 땅으로 내려오게 된다.

3단계 : 새로운 왕의 재림으로 땅의 권세를 잃음 - 무저갱에 결박됨

새로운 왕은 왕위 임명식이 끝이 나고, 첫째 인이 떼어지면서 등장하는 전쟁을 위해 준비된 백마를 타고 사단의 권세를 패배시키기 위해 출발하신다. 그 후 일곱째 나팔이 불릴 때에 하늘에서의 전쟁을 통해서 공중에서의 사단의 권세를 깨뜨리고, 여섯째 대접 때에 적그리스도와 그에게 속한 왕들이 아마겟돈이라고 칭하고 있는 예루살렘에 집결하여 왕의 재림을 대적하고 일어났을 때에 일곱째 대접 재앙으로 응징하면서 적그리스와 그의 군대를 패배시킨다. 또한 요한계시록 19장 11절-21절에 언급된 말씀에서 보듯이 입에서 이한 검이 나와서 사람들을 심판하고, 적그리스도와 거짓 선지자를 사로잡아서 산채로 불못에 던지게 된다. 사단은 잡혀서 무저갱에 1,000년 동안 결박된다.

왕의 출정식

(계 6:1-2) 『[1] 내가 보매 어린양이 일곱 인 중에 하나를 떼시는 그 때에 내가 들으니 네 생물 중에 하나가 우레 소리같이 말하되 오라 하기로 [2] 내가 이에 보니 흰 말이 있는데 그 탄 자가 활을 가졌고 면류관을 받고 나가서 이기고 또 이기려고 하더라』

새로운 왕은 기존의 왕을 심판하고, 그의 나라를 멸망시키기 위해서 백마를 타고 출발한다. 심판은 한 번에 이루어지기보다 전쟁의 과정을 통해서 완전케 된다.

왕의 재림

(계 19:11-21) 『[11] 또 내가 하늘이 열린 것을 보니 보라 백마와 탄 자가 있으니 그 이름은 충신과 진실이라 그가 공의로 심판하며 싸우더라 [12] 그 눈이 불꽃같고 그 머리에 많은 면류관이 있고 또 이름 쓴 것이 하나가 있으니 자기 밖에 아는 자가 없고 [13] 또 그가 피 뿌린 옷을 입었는데 그 이름은 하나님의 말씀이라 칭하더라 [14] 하늘에 있는 군대들이 희고 깨끗한 세마포를 입고 백마를 타고 그를 따르더라 [15] 그의 입에서 이한 검이 나오니 그것으로 만국을 치겠고 친히 저희를 철장으로 다스리며 또 친히 하나님 곧 전능하신 이의 맹렬한 진노의 포도주 틀을 밟겠고 [16] 그 옷과 그 다리에 이름 쓴 것이 있으니 만왕의 왕이요 만주의 주라 하였더라 [17] 또 내가 보니 한 천사가 해에 서서 공중에 나는 모든 새를 향하여 큰 음성으로 외쳐 가로되 와서 하나님의 큰 잔치에 모여 [18] 왕들의 고기와 장군들의 고기와 장사들의

고기와 말들과 그 탄 자들의 고기와 자유한 자들이나 종들이나 무론대소하고 모든 자의 고기를 먹으라 하더라 [19] 또 내가 보매 그 짐승과 땅의 임금들과 그 군대들이 모여 그 말 탄 자와 그의 군대로 더불어 전쟁을 일으키다가 [20] 짐승이 잡히고 그 앞에서 이적을 행하던 거짓 선지자도 함께 잡혔으니 이는 짐승의 표를 받고 그의 우상에게 경배하던 자들을 이적으로 미혹하던 자라 이 둘이 산 채로 유황불 붙는 못에 던지우고 [21] 그 나머지는 말 탄 자의 입으로 나오는 검에 죽으매 모든 새가 그 고기로 배불리우더라』

왕이 마지막에 도달하게 되는 곳은 지상이다. 지상에서의 전쟁은 기존의 왕이 가지고 있던 가장 핵심적인 영역에서의 전쟁이며, 거의 마지막에 일어난다. 왕이 도달한 곳에는 죽음이 있다. 이 죽음은 아직 진정한 의미에서의 심판은 아니다. 죽은 자들에 대한 심판이 진행될 때, 비로소 새로운 왕이 행하는 심판의 진면목을 볼 수 있을 것이다. 왕은 자신을 대적해서 일어난 사람들을 자신의 입의 권세로 죽인다.

사단이 1,000년 동안 결박됨

(계 20:1-3) 『[1] 또 내가 보매 천사가 무저갱 열쇠와 큰 쇠사슬을 그 손에 가지고 하늘로서 내려와서 [2] 용을 잡으니 곧 옛 뱀이요 마귀요 사단이라 잡아 일 천 년 동안 결박하여 [3] 무저갱에 던져 잠그고 그 위에 인봉하여 천 년이 차도록 다시는 만국을 미혹하지 못하게 하였다가 그 후에는 반드시 잠간 놓이리라』

사단의 죄명은 '참소하는 자' 이다. 그는 아직 기존의 세상 임금으로서의 대우를 받을 수 있다. 그것은 그가 적그리스도나 거짓 선지자처럼 불못으로 던져지지 못하고, 1,000년 동안 결박만 당한 것에서 볼 수 있다. 사단은 세 번째의 패배를 통해서 무저갱에 결박당한다. 사단은 1,000년이 지난 후에 반란을 일으키고 패함으로 완전히 망하게 된다.

4단계 : 반란의 실패 - 불못에 던져짐

(계 20:7-10) 『[7] 천 년이 차매 사단이 그 옥에서 놓여 [8] 나와서 땅의 사방 백성 곧 곡과 마곡을 미혹하고 모아 싸움을 붙이리니 그 수가 바다 모래 같으리라 [9] 저희가 지면에 널리 퍼져 성도들의 진과 사랑하시는 성을 두르매 하늘에서 불이 내려와

저희를 소멸하고 [10] 또 저희를 미혹하는 마귀가 불과 유황 못에 던지우니 거기는 그 짐승과 거짓 선지자들도 있어 세세토록 밤낮 괴로움을 받으리라』

새로운 왕의 재림 후에도 죽은 자들의 심판까지는 1,000년이라는 시간이 주어진다. 사단은 결박을 당하고, 하나님께 속하지 않은 사람들은 여전히 이 땅 위에서 천년 동안 나름대로 살아가게 된다. 사단은 천년의 결박이 풀리면서 자신에게 속한 곡과 마곡의 사람들을 데리고 마지막 반란을 일으키게 된다. 하지만 반란이 실패로 돌아가면서 결국 사단은 정죄를 당하고, 불못에 던져진다.

곡과 마곡은 지금의 터키 지방이다. 하나님께 속한 사람들은 아브라함에게 하나님이 약속하셨던 땅에서 살아가는 반면, 사단에게 속한 사람들은 곡과 마곡에서 살아가게 된다. 곡과 마곡에 대한 더 자세한 내용은 에스겔서에서 다루고 있다.

(겔 38:1-39:29) 『[1] 여호와의 말씀이 내게 임하여 가라사대 [2] 인자야 너는 마곡 땅에 있는 곡 곧 로스와 메섹과 두발 왕에게로 얼굴을 향하고 그를 쳐서 예언하여 [3] 이르기를 주 여호와의 말씀에 로스와 메섹과 두발 왕 곡아 내가 너를 대적하여 [4] 너를 돌이켜 갈고리로 네 아가리를 꿰고 너

와 말과 기병 곧 네 온 군대를 끌어내되 완전한 갑옷을
입고 큰 방패와 작은 방패를 가지며 칼을 잡은 큰 무리와
[5] 그들과 함께한 바 방패와 투구를 갖춘 바사와 구스
와 붓과 [6] 고멜과 그 모든 떼와 극한 북방의 도갈마 족
속과 그 모든 떼 곧 많은 백성의 무리를 너와 함께 끌어
내리라 [7] 너는 스스로 예비하되 너와 네게 모인 무리
들이 다 스스로 예비하고 너는 그들의 대장이 될지어다
[8] 여러 날 후 곧 **말년에** 네가 명령을 받고 그 땅 곧 오
래 황무하였던 이스라엘 산에 이르리니 그 땅 백성은 칼
을 벗어나서 열국에서부터 모여 들어오며 이방에서부터
나와서 다 평안히 거하는 중이라 [9] 네가 올라오되 너
와 네 모든 떼와 너와 함께한 많은 백성이 광풍같이 이르
고 구름같이 땅을 덮으리라 [10] 나 주 여호와가 말하노
라 그 날에 네 마음에서 여러 가지 생각이 나서 악한 꾀
를 내어 [11] 말하기를 내가 평원의 고을들로 올라가리
라 성벽도 없고 문이나 빗장이 없어도 염려 없이 다 평안
히 거하는 백성에게 나아가서 [12] 물건을 겁탈하며 노
략하리라 하고 네 손을 들어서 황무하였다가 지금 사람
이 거처하는 땅과 열국 중에서 모여서 짐승과 재물을 얻
고 세상 중앙에 거하는 백성을 치고자 할 때에 [13] 스바
와 드단과 다시스의 상고와 그 부자들이 네게 이르기를

네가 탈취하러 왔느냐 네가 네 무리를 모아 노략하고자
하느냐 은과 금을 빼앗으며 짐승과 재물을 취하며 물건
을 크게 약탈하여 가고자 하느냐 하리라 하셨다 하라
[14] 인자야 너는 또 예언하여 곡에게 이르기를 주 여호
와의 말씀에 내 백성 이스라엘이 평안히 거하는 날에 네
가 어찌 그것을 알지 못하겠느냐 [15] 네가 네 고토 극한
북방에서 많은 백성 곧 다 말을 탄 큰 떼와 능한 군대와
함께 오되 [16] 구름이 땅에 덮임 같이 내 백성 이스라엘
을 치러 오리라 곡아 **끝날에** 내가 너를 이끌어다가 내 땅
을 치게 하리니 이는 내가 너로 말미암아 이방 사람의 목
전에서 내 거룩함을 나타내어 그들로 다 나를 알게 하려
함이니라 [17] 나 주 여호와가 말하노라 내가 옛적에 내
종 이스라엘 선지자들을 빙자하여 말한 사람이 네가 아
니냐 그들이 그 때에 여러 해 동안 예언하기를 내가 너를
이끌어다가 그들을 치게 하리라 하였느니라 하셨다 하라
[18] 나 주 여호와가 말하노라 그 날에 곡이 이스라엘 땅
을 치러 오면 내 노가 내 얼굴에 나타나리라 [19] 내가
투기와 맹렬한 노로 말하였거니와 그 날에 큰 지진이 이
스라엘 땅에 일어나서 [20] 바다의 고기들과 공중의 새
들과 들의 짐승들과 땅에 기는 모든 벌레와 지면에 있는
모든 사람이 내 앞에서 떨 것이며 모든 산이 무너지며 절

벽이 떨어지며 모든 성벽이 땅에 무너지리라 [21] 나 주
여호와가 말하노라 내가 내 모든 산 중에서 그를 칠 칼을
부르리니 각 사람의 칼이 그 형제를 칠 것이며 [22] 내가
또 온역과 피로 그를 국문하며 쏟아지는 폭우와 큰 우박
덩이와 불과 유황으로 그와 그 모든 떼와 그 함께한 많은
백성에게 비를 내리듯 하리라 [23] 이와 같이 내가 여러
나라의 눈에 내 존대함과 내 거룩함을 나타내어 나를 알
게 하리니 그들이 나를 여호와인 줄 알리라 [39:1] 그러
므로 인자야 너는 곡을 쳐서 예언하여 이르기를 주 여호
와의 말씀에 로스와 메섹과 두발 왕 곡아 내가 너를 대적
하여 [2] 너를 돌이켜서 이끌고 먼 북방에서부터 나와서
이스라엘 산 위에 이르러 [3] 네 활을 쳐서 네 왼손에서
떨어뜨리고 네 살을 네 오른손에서 떨어뜨리리니 [4] 너
와 네 모든 떼와 너와 함께한 백성이 다 이스라엘 산에
엎드러지리라 내가 너를 각종 움키는 새와 들짐승에게
붙여 먹게 하리니 [5] 네가 빈들에 엎드러지리라 이는
내가 말하였음이니라 나 주 여호와의 말이니라 [6] 내가
또 불을 마곡과 및 섬에 평안히 거하는 자에게 내리리니
그들이 나를 여호와인 줄 알리라 [7] 내가 내 거룩한 이
름을 내 백성 이스라엘 가운데 알게 하여 다시는 내 거룩
한 이름을 더럽히지 않게 하리니 열국이 나를 여호와 곧

이스라엘의 거룩한 자인 줄 알리라 하셨다 하라 [8] 나 주 여호와가 말하노라 볼지어다 그 일이 이르고 이루리니 내가 말한 그 날이 이 날이니라 [9] 이스라엘 성읍들에 거한 자가 나가서 그 병기를 불 피워 사르되 큰 방패와 작은 방패와 활과 살과 몽둥이와 창을 취하여 칠 년 동안 불 피우리라 [10] 이와 같이 그 병기로 불을 피울 것이므로 그들이 들에서 나무를 취하지 아니하며 삼림에서 벌목하지 아니하겠고 전에 자기에게서 약탈하던 자의 것을 약탈하며 전에 자기에게서 늑탈하던 자의 것을 늑탈하리라 나 주 여호와의 말이니라 [11] 그 날에 내가 곡을 위하여 이스라엘 땅 곧 바다 동편 사람의 통행하는 골짜기를 매장지로 주리니 통행하던 것이 막힐 것이라 사람이 거기서 곡과 그 모든 무리를 장사하고 그 이름을 <u>하몬곡의 골짜기</u>라 일컬으리라 [12] 이스라엘 족속이 일곱 달 동안에 그들을 장사하여 그 땅을 정결케 할 것이라 [13] 그 땅 모든 백성이 그들을 장사하고 그로 말미암아 이름을 얻으리니 <u>이는 나의 영광이 나타나는 날이니라</u> 나 주 여호와의 말이니라 [14] 그들이 사람을 택하여 그 땅에 늘 순행하며 장사할 사람으로 더불어 지면에 남아 있는 시체를 장사하여 그 땅을 정결케 할 것이라 일곱 달 후에 그들이 살펴보되 [15] 순행하는 자가 그 땅으로 통

행하다가 사람의 뼈를 보면 그 곁에 표를 세워 장사하는
자로 와서 하몬곡 골짜기에 장사하게 할 것이요 [16] 성
의 이름도 하모나라 하리라 그들이 이와 같이 그 땅을 정
결케 하리라 [17] 너 인자야 나 주 여호와가 말하노라 너
는 각종 새와 들의 각종 짐승에게 이르기를 너희는 모여
오라 내가 너희를 위한 잔치 곧 이스라엘 산 위에 예비한
큰 잔치로 너희는 사방에서 모여서 고기를 먹으며 피를
마실지어다 [18] 너희가 용사의 고기를 먹으며 세상 왕
들의 피를 마시기를 바산의 살진 짐승 곧 수양이나 어린
양이나 염소나 수송아지를 먹듯 할지라 [19] 내가 너희
를 위하여 예비한 잔치의 기름을 너희가 배불리 먹으며
그 피를 취토록 마시되 [20] 내 상에서 말과 기병과 용사
와 모든 군사를 배불리 먹을지니라 하라 나 주 여호와의
말이니라 [21] 내가 내 영광을 열국 중에 나타내어 열국
으로 나의 행한 심판과 내가 그 위에 나타낸 권능을 보게
하리니 [22] 그 날 이후에 이스라엘 족속은 나를 여호와
자기들의 하나님인 줄 알겠고 [23] 열국은 이스라엘 족
속이 그 죄악으로 인하여 사로잡혀 갔던 줄 알지라 그들
이 내게 범죄하였으므로 내 얼굴을 그들에게 가리우고
그들을 그 대적의 손에 붙여 다 칼에 엎드러지게 하였으
되 [24] 내가 그들의 더러움과 그들의 범죄한 대로 행하

여 그들에게 내 얼굴을 가리웠었느니라 [25] 그러므로 나 주 여호와가 말하노라 내가 이제 내 거룩한 이름을 위하여 열심을 내어 야곱의 사로잡힌 자를 돌아오게 하며 이스라엘 온 족속에게 긍휼을 베풀지라 [26] 그들이 그 땅에 평안히 거하고 두렵게 할 자가 없게 될 때에 부끄러움을 품고 내게 범한 죄를 뉘우치리니 [27] 곧 내가 그들을 만민 중에서 돌아오게 하고 적국 중에서 모아내어 열국 목전에서 그들로 인하여 나의 거룩함을 나타낼 때에라 [28] 전에는 내가 그들로 사로잡혀 열국에 이르게 하였거니와 후에는 내가 그들을 모아 고토로 돌아오게 하고 그 한 사람도 이방에 남기지 아니하리니 그들이 나를 여호와 자기들의 하나님인 줄 알리라 [29] 내가 다시는 내 얼굴을 그들에게 가리우지 아니하리니 이는 내가 내 신을 이스라엘 족속에게 쏟았음이니라 나 주 여호와의 말이니라』

곡과 마곡의 사람들이 사단과 더불어 반란을 일으킨 이유를 생각해 보면, 이 세상을 살아가는 사람들이 생각하고 있던 사고를 버리지 못한 때문이다. 강자가 모든 것을 취하는 시대는 끝이 났음에도 전쟁을 통해 뭔가 얻으려고 했다. 과거에 머물러 있는 생각으로는 결코 미래를 만들 수 없다.

제2부

심판

제1장 심판

심판

  심판은 새로운 왕이 기존의 왕을 이기고, 그의 세계를 완전히 멸하는 것이다. 세계라고 하는 것은 보이는 영역과 보이지 않는 영역 모두를 말한다. 보이는 영역은 살아있는 자들의 영역이고, 보이지 않는 영역은 하늘과 죽은 자들의 영역이다. 사망의 세력을 가지고 있는 왕이 패한다는 것은 결국 사망이라는 것이 멸해진다는 것을 의미한다.

  (요 12:31) 『이제 이 세상의 심판이 이르렀으니 이 세상 임금이 쫓겨나리라』

심판에는 3가지 영역이 있다. 첫 번째 영역은 '하늘 위'에 대한 심판이고, 두 번째는 '땅 위'에 대한 심판 그리고 마지막은 '땅 아래'(죽은 자들)에 대한 심판이다.

'땅 위'에 대한 심판

땅 위에 대한 심판은 이 땅에 살아있는 사람들에 대한 심판이다. 심판이 진행되는 동안 사람들이 어떻게 죽임을 당하게 되는가를 생각해 볼 필요가 있다.

새롭게 왕이 된 어린양이 '흰 말'을 타고 전쟁을 시작하게 되는데, 그 전쟁은 아프리카에서부터 시작된다.

(계 6:2) 『내가 이에 보니 흰 말이 있는데 그 탄 자가 활을 가졌고 면류관을 받고 나가서 이기고 또 이기려고 하더라』

흰 말을 탄 자에 대한 다른 묘사는 그의 시작점과 종착점이 어디에 있는가를 자세하게 보여주고 있다. 다음의 본문을 보라.

(계 19:11-21) 『[11] 또 내가 하늘이 열린 것을 보니 보라 백마와 탄 자가 있으니 그 이름은 충신과 진실이라 그가 공의로 심판하며

싸우더라 [12] 그 눈이 불꽃같고 그 머리에 많은 면류관이 있고 또 이름 쓴 것이 하나가 있으니 자기 밖에 아는 자가 없고 [13] 또 그가 피 뿌린 옷을 입었는데 그 이름은 하나님의 말씀이라 칭하더라 [14] 하늘에 있는 군대들이 희고 깨끗한 세마포를 입고 백마를 타고 그를 따르더라 [15] 그의 입에서 이한 검이 나오니 그것으로 만국을 치겠고 친히 저희를 철장으로 다스리며 또 친히 하나님 곧 전능하신 이의 맹렬한 진노의 포도주 틀을 밟겠고 [16] 그 옷과 그 다리에 이름 쓴 것이 있으니 만왕의 왕이요 만주의 주라 하였더라 [17] 또 내가 보니 한 천사가 해에 서서 공중에 나는 모든 새를 향하여 큰 음성으로 외쳐 가로되 와서 하나님의 큰 잔치에 모여 [18] 왕들의 고기와 장군들의 고기와 장사들의 고기와 말들과 그 탄 자들의 고기와 자유한 자들이나 종들이나 무론대소하고 모든 자의 고기를 먹으라 하더라 [19] 또 내가 보매 그 짐승과 땅의 임금들과 그 군대들이 모여 그 말 탄 자와 그의 군대로 더불어 전쟁을 일으키다가 [20] 짐승이 잡히고 그 앞에서 이적을 행하던 거짓 선지자도 함께 잡혔으니 이는 짐승의 표를 받고 그의 우상에게 경배하던 자들을 이적으로 미혹하던 자라 이 둘이 산 채로 유황불 붙는 못에 던지우고 [21] 그 나머지는 말 탄 자의 입으로 나오는 검에 죽으매 모든 새가 그 고기로 배불리우더라』

백마를 타고 전쟁을 위해 출발한 왕은 아프리카의 멸망과 아시아의 멸망을 거쳐 인류의 마지막 지배자가 된 적그리스도가 이끄는 군대와 전쟁을 하며, 지상으로 내려오게 되는 것을 보게 된다. 백마를 탄 자의 이름은 '만왕의 왕'이며 '만주의 주'로 묘사되어 있다. 새로운 왕을 반대했던 사람들의 제국은 적그리스도 제국으로 태어나 마지막까지 항전하는 모습을 볼 수 있다.

멸망의 징조 - 테러

(계 6:4) 『이에 붉은 다른 말이 나오더라 그 탄 자가 허락을 받아 땅에서 화평을 제하여 버리며 서로 죽이게 하고 또 큰 칼을 받았더라』

21세기가 시작되면서 세계의 언론들은 '테러'라는 단어를 자주 사용하게 된다.

2001년 9월 11일, 21세기를 테러라는 이름으로 장식할 만한 테러가 일어났다. 그 테러는 2,997명의 사상자를 내면서 세계를 '테러와의 전쟁터'로 몰고 갔다. 미국은 테러와의 전쟁을 선포하면서 아프가니스탄을 공격했을 뿐만 아니라 이라크를 공격해서 중동을 전쟁터로 만들어버렸다.

미국이 이라크를 점령함으로써 인류의 멸망을 위한 본격적인 전쟁이 시작된 것이다. 그로 인해 이제 이라크를 향한 두려운 예언의 메시지를 생각하게 된다.

이라크 - 시날 땅 - 바벨론 - 적그리스도

이라크 지역은 과거 바벨론이 세워졌던 지역이다. 유프라테스와 티그리스 강을 끼고 있는 이 지역은 성경 안에서 다른 어떤 지역보다 중요하게 다루어지는 지역이다.

니므롯

이라크 지역을 생각하면 가장 떠오르는 인물이 니므롯이라는 사람이다. 이 사람은 성경에서 하나님이 직접 멸망시키셨던 바벨론을 세운 사람이다.

(창 10:8-12) 『[8] 구스가 또 니므롯을 낳았으니 그는 세상에 처음 영걸이라 [9] 그가 여호와 앞에서 특이한 사냥꾼이 되었으므로 속담에 이르기를 아무는 여호와 앞에 니므롯 같은 특이한 사냥꾼이로다 하더라 [10] 그의 나라는 시날 땅의 바벨과 에렉과

악갓과 갈레에서 시작되었으며 [11] 그가 그 땅에서 앗수르로 나아가 니느웨와 르호보딜과 갈라와 [12] 및 니느웨와 갈라 사이의 레센(이는 큰 성이라)을 건축하였으며』

성경의 예언이 주로 '메시아'에 대한 메시지를 많이 담고 있지만 적그리스도에 대한 예언도 곳곳마다 다루고 있다. 그 중에서 가장 먼저 다루게 되는 예언은 니므롯과 연결된 것이다. 니므롯은 창세기 11장에 등장하는 바벨론 제국을 세운 사람으로, 그가 특이한 사냥꾼으로 불리게 된 것은 그가 사람을 특이하게 죽이는 사람이었기 때문이며, 전쟁에 능한 사람이었기 때문이다. 9절에 등장하는 "아무는"은 적그리스도가 니므롯과 같은 부류의 사람이 될 것임을 예언하고 있다. 요한계시록 11장에 등장하게 되는 바벨론제국도 니므롯과 연결되어져 있다. 성경은 지상에 세워진 하나님의 나라들이 바벨론에 의해서 멸망당하는 것을 말하고 있다. 처음 셈의 자손들에 의해서 세워진 나라들도 바벨론에 의해서 멸망당하고, 출애굽을 통해서 세워진 이스라엘 자손들의 나라도 바벨론에 의해서 멸망하며, 성도의 권세로 표현되어지는 교회들과 마지막 이스라엘(1948년에 세워졌다)도 바벨론 제국에 의해서 파괴되어진다.

시날 땅

시날 땅은 이라크 지역을 말한다. 이 땅은 한 나라가 등장하도록 예언되어진 곳이다.

(슥 5:5-11) 『[5] 내게 말하던 천사가 나아와서 내게 이르되 너는 눈을 들어 나오는 이것이 무엇인가 보라 하기로 [6] 내가 묻되 이것이 무엇이니이까 그가 가로되 나오는 이것이 에바니라 또 가로되 온 땅에서 그들의 모양이 이러하니라 [7] 이 에바 가운데에는 한 여인이 앉았느니라 하는 동시에 둥근 납 한 조각이 들리더라 [8] 그가 가로되 이는 악이라 하고 그 여인을 에바 속으로 던져 넣고 납 조각을 에바 아구리 위에 던져 덮더라 [9] 내가 또 눈을 들어 본즉 두 여인이 나왔는데 학의 날개 같은 날개가 있고 그 날개에 바람이 있더라 그들이 그 에바를 천지 사이에 들었기로 [10] 내가 내게 말하는 천사에게 묻되 그들이 에바를 어디로 옮겨 가나이까 하매 [11] 내게 이르되 그들이 시날 땅으로 가서 그를 위하여 집을 지으려 함이니라 준공되면 그가 제 처소에 머물게 되리라 하더라』

7절에 등장하는 여인은 한 나라를 의미한다. 성경 상의 예언서들은 나라를 말할 때, 여인으로 비유하고 있다. 시날 땅은 세상에

악을 행할 한 나라가 세워지도록 예비되어 있는 땅이다.

성경에서 여인으로 칭해진 나라들을 보자.

(사 23:12) 『가라사대 너 학대받은 처녀 딸 시돈아 네게 다시는 희락이 없으리니 일어나 깃딤으로 건너가라 거기서도 네가 평안을 얻지 못하리라 하셨느니라』

(사 37:22) 『여호와께서 그에 대하여 이같이 이르시되 처녀 딸 시온이 너를 멸시하며 조소하였고 딸 예루살렘이 너를 향하여 머리를 흔들었느니라』

(사 47:1) 『처녀 딸 바벨론이여 내려 티끌에 앉으라 딸 갈대아여 보좌가 없어졌으니 땅에 앉으라 네가 다시는 곱고 아리땁다 칭함을 받지 못할 것임이니라』

(렘 31:4) 『처녀 이스라엘아 내가 다시 너를 세우리니 네가 세움을 입을 것이요 네가 다시 소고로 너를 장식하고 즐거운 무리처럼 춤추며 나올 것이며』

스가랴서의 예언은 신바벨론 제국이 멸망한 후의 예언이다. 스가라서 5장에서 다루고 있는 여인은 다시 세워질 바벨론을 의미한다. 요한계시록은 마지막으로 세워질 바벨론을 말하고 있다.

(계14:8) 『또 다른 천사 곧 둘째가 그 뒤를 따라 말하되 <u>무너졌도다 무너졌도다 큰 성 바벨론이여</u> 모든 나라를 그 음행으로 인하여 진노의 포도주로 먹이던 자로다 하더라』

(계16:19) 『큰 성이 세 갈래로 갈라지고 만국의 성들도 무너지니 <u>큰 성 바벨론</u>이 하나님 앞에 기억하신 바 되어 그의 맹렬한 진노의 포도주 잔을 받으매』

(계18:2) 『힘센 음성으로 외쳐 가로되 무너졌도자 무너졌도다 <u>큰 성 바벨론이여</u> 귀신의 처소와 각종 더러운 영의 모이는 곳과 각종 더럽고 가증한 새의 모이는 곳이 되었도다』

(계18:21) 『이에 한 힘센 천사가 큰 맷돌 같은 돌을 들어 바다에 던져 가로되 <u>큰 성 바벨론</u>이 이같이 몹시 떨어져 결코 다시 보이지 아니하리로다』

유프라테스 강을 끼고 있는 이라크 지역은 인류의 3분의 1을 죽이기로 예비된, 무기가 생산될 지역이다.

(계 9:13-15) 『[13] 여섯째 천사가 나팔을 불매 내가 들으니 하나님 앞 금
단 네 뿔에서 한 음성이 나서 [14] 나팔 가진 여섯째 천사에
게 말하기를 큰 강 유브라데에 결박한 네 천사를 놓아 주라
하매 [15] 네 천사가 놓였으니 그들은 그 년 월 일 시에 이르
러 사람 삼분의 일을 죽이기로 예비한 자들이더라』

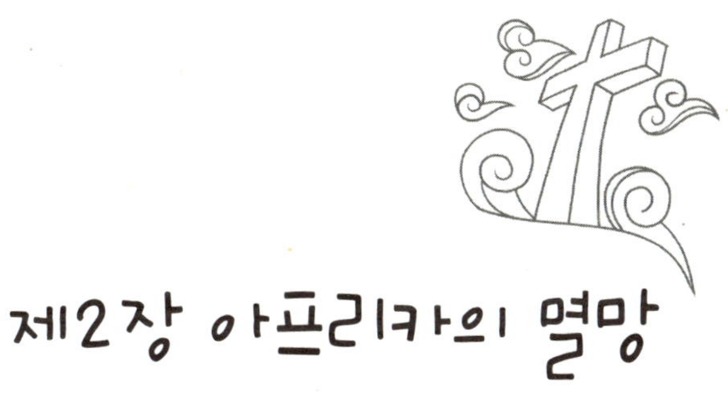

제2장 아프리카의 멸망

아프리카는 강대국들의 탐욕이 가장 잘 드러난 곳이다. 부족 중심의 그 세계가 강대국들의 탐욕의 희생양이 된 것은 어제 오늘의 일이 아니다. 천연자원이 풍부하다는 것은 결국 가장 먼저 멸망하게 되는 선제 조건이 되었다.

기근

21세기에 들어서면서 '환경난민'이라는 용어가 자주 등장하게 된다. 환경난민이란 보통 '기근'으로 인해 자신의 삶의 터전을 버리고 난민이 된 경우를 말하는데, 이들은 주로 아프리카에 집중

되어 있다.

> (계 6:5-6) 『[5] 셋째 인을 떼실 때에 내가 들으니 셋째 생물이 말하되 오라 하기로 내가 보니 검은 말이 나오는데 그 탄 자가 손에 저울을 가졌더라 [6] 내가 네 생물 사이로서 나는 듯하는 음성을 들으니 가로되 한 데나리온에 밀 한 되요 한 데나리온에 보리 석 되로다 또 감람유와 포도주는 해치 말라 하더라』

아프리카의 기근과 식량의 문제는 장 지글러의 《왜 세계의 절반은 굶주리는가?》(갈라파고스출판사)라는 책에 자세하게 언급되어 있다. 아프리카의 기근 문제는 아무리 오랜 시간이 흐른다고 해도 해결될 수 없는 문제이다. 성경의 예언은 기근이 아프리카 멸망의 시작으로 말하고 있다. 기근의 문제는 '환경 난민들'을 양산하는 문제를 넘어 '내전'으로 이어지는 요인이 된다. 내전은 아프리카를 멸망하게 하는 가장 치명적인 것이다. 내전이 강대국들에 의한 보이지 않는 대리전에서, 마지막에는 아프리카에 있는 사람들을 죽이기 위한 도구로 변한다.

아프리카의 멸망에서 한 가지 주목해야 하는 것이 있다. 그것은 아프리카 멸망이 인류 멸망의 시작이라는 것이다. 아프리카 나라들의 내전의 배경에는 미국, 영국, 프랑스 등 강대국들이 있다. 아프리카의 반군들이 무슨 돈이 있어서 값비싼 무기들을 무기 암거래 시장을 통해서 구입할 수 있었겠는가? 암묵적인 자원에 대한 거래가 내전의 배경이 되고 있다. 강대국들은 반군들에게 무기를 제공하는 대신 반군이 장악하게 될 지역에 대한 자원 개발권을 값싸게 얻었을 뿐만 아니라 여기에 만족하지 않고, 아프리카의 멸망을 유도했다. 그렇기 때문에 아프리카의 멸망은 그들의 풍부한 천연자원과 인간의 탐욕으로 인해서 왔다고 말할 수 있다.

내전

(계 6:7-8) 『[7] 넷째 인을 떼실 때에 내가 넷째 생물의 음성을 들으니 가로되 오라 하기로 [8] 내가 보매 청황색 말이 나오는데 그 탄자의 이름은 <u>사망</u>이니 음부가 그 뒤를 따르더라 저희가 <u>땅 사분 일</u>의 권세를 얻어 <u>검과 흉년과 사망과 땅의 짐승</u>으로써 죽이더라』

아프리카의 멸망은 땅 4분의 1의 멸망으로 표현되어 있다. 성경 상에서 땅은 유럽, 미대륙, 아시아, 아프리카로 네 등분 되어 있다. 아프리카의 멸망은 산업혁명 이후로 이미 예고된 것이었지만 2차 대전이 끝이 나고 나라들이 독립하면서 가속화되었다. 그이유는 부족 중심의 사회가 무너졌기 때문이다. 아프리카 지역은 독립 후에도 여전히 강대국들에 종속되어 있었지만 천연자원의 인플레이션이 가속화되면서 강대국들의 보이지 않는 전쟁터가 되었다. 천연 자원의 인플레이션은 수요와 공급상의 문제가 아니다. 세계 전쟁을 염두에 둔 포석이다.

아프리카 환경 난민들의 난민촌에 미래가 있을까? 없다. 2005년 이후로 무기 암거래 시장의 규모는 날이 갈수록 성장했고, 대부분의 무기들은 구소련권에서 흘러나왔다. 이들 무기의 종착지는 아프리카 지역이다. 얼마 전, T-72 탱크 33대를 실은 무기 암거래 상의 배가 소말리아 해적에 의해서 납치되면서 외교적인 문제가 발생했고, 한국에서도 해군을 소말리아 해역에 파견하기도 했었다.

아프리카로 유입된 무기들의 구매자들은 아프리카의 정부군뿐만 아니라 반군들도 포함된다. 이들로 인해서 멸망해 가는 아프리카에는 미래가 없다.

많은 사람들이 내전이 소수의 나라들에만 한정되어 있다고 말할지도 모른다. 하지만 아프리카 지역 전체가 내전에 휘말리게 될 것이다. 아프리카의 내전은 종교적인 문제도, 정치적인 문제도 아니다. 단지 그들이 가장 약하기 때문이며, 강대국들이 그들의 멸망을 의도적으로 유도하기 때문이다.

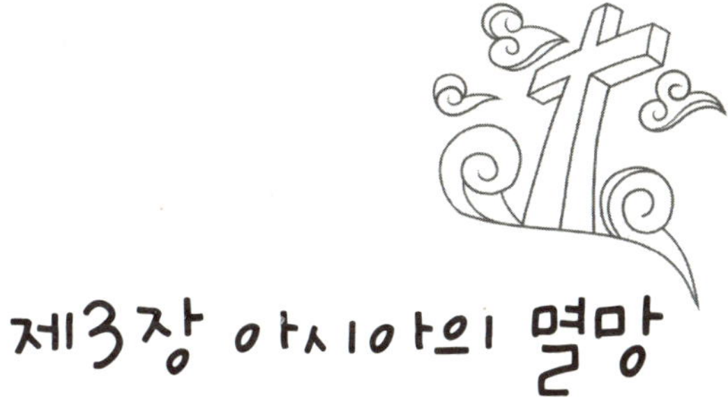

제3장 아시아의 멸망

두 마리의 용이 있었다. 이들은 오랜 역사의 시간이 흐르는 동안 자신들의 영역을 서로 최대한 침범하지 않으면서 존재하기로 했었다. 하지만 두 마리의 용 가운데 한 마리는 더 이상 자신의 영역만으로는 만족하지 못하게 되었다.

어느 날 한 마리의 용이 빌미를 얻어 한 마리의 용을 공격하여 죽게 했다.

멸망의 전조

(계 6:12-17) 『[12] 내가 보니 여섯째 인을 떼실 때에 큰 지진이 나며 해가

핵폭발

총담 같이 검어지고 온 달이 피 같이 되며 [13] 하늘의 별들이 무화과나무가 대풍에 흔들려 선 과실이 떨어지는 것 같이 땅에 떨어지며 [14] 하늘은 종이 축이 말리는 것 같이 떠나가고 각 산과 섬이 제 자리에서 옮기우매 [15] 땅의 임금들과 왕족들과 장군들과 부자들과 강한 자들과 각 종과 자주자가 굴과 산 바위틈에 숨어 [16] 산과 바위에게 이르되 우리 위에 떨어져 보좌에 앉으신 이의 낯에서와 어린양의 진노에서 우리를 가리우라 [17] 그들의 진노의 큰 날이 이르렀으니 누가 능히 서리요 하더라』

위의 본문은 '핵폭발'에 대한 설명을 담고 있다. 큰 지진이 일어나고, 핵먼지로 인해서 하늘이 덮이고, 태풍이 일어나는 것은 핵폭탄이 터졌을 때 나타나는 현상들이다. 16절은 산과 섬이 있는 지역에 핵폭탄이 터질 것이라고 예언하고 있다.

아시아의 멸망의 전조가 될 수 있는 사건의 발단은 북한에서 시작된다. 북한이 일본을 향해 핵미사일을 발사할 것이다. 일본의 방위 시스템은 미국이 자랑하는 MD시스템을 뛰어넘는 세계적으로 자랑할 만한 것이지만 어떤 이유에서인지 북한의 핵을 실은 미사일이 일본에 떨어지게 된다.

아시아의 멸망

북한의 테러에 세계는 당황해하지만 준비된 시나리오에 따라 북한을 공격할 뿐만 아니라, 북한과 군사협정을 맺고 있는 중국을 공격하게 된다.

중국과 미국의 전쟁은 일방적으로 미국이 이기게 된다. 중국도 미래에 일어날 전쟁에 대비해서 준비를 많이 했지만 미국이 가진 숨겨진 힘 앞에서 쉽게 패한다. 태국과 베트남을 포함한 아시아의 여러 나라들도 제대로 된 저항도 하지 못하고 한 순간에 멸망한다.

폭격기에 의한 폭격

(계 8:6-7) 『[6] 일곱 나팔 가진 일곱 천사가 나팔 불기를 예비하더라 [7] 첫째 천사가 나팔을 부니 피 섞인 우박과 불이 나서 땅에 쏟아지매 땅의 삼분의 일이 타서 사위고 수목의 삼분의 일도 타서 사위고 각종 푸른 풀도 타서 사위더라』

땅 삼분의 일은 아프리카의 멸망을 전제로 하기 때문에 나타나는 숫자의 개념이다. 유럽과 미국은 아시아의 멸망을 주도하게 된

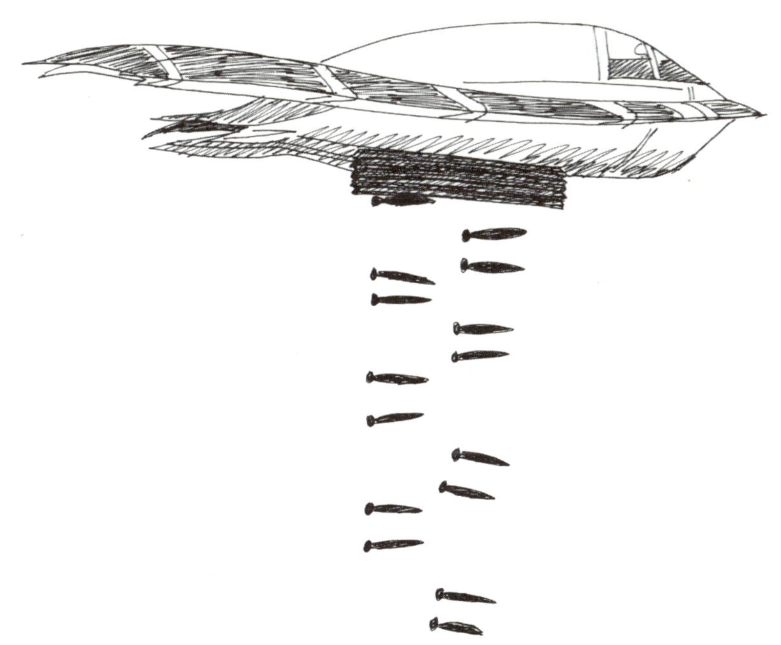

폭격기

다. 폭격기가 날아가면서 떨어뜨리는 포탄은 불이 섞인 우박처럼 땅에 쏟아지고, 땅에서는 불이 난다. 많은 사람들이 어떻게 아시아 전역에 대한 폭격이 가능할 것인가를 묻겠지만 무인폭격기를 생각하면 쉽게 이해가 된다. 무인전투시스템은 과학의 승리가 아니라 인류의 멸망을 불러일으키는 인간의 탐욕의 결과가 될 것이다. 중국을 포함한 아시아의 영역이 좁지는 않지만 무인폭격기의 기술은 충분히 커버하고도 남을 것이다.

해전

(계 8:8-9) 『[8] 둘째 천사가 나팔을 부니 불붙는 큰 산과 같은 것이 바다에 던지우매 바다의 삼분의 일이 피가 되고 [9] 바다 가운데 생명 가진 피조물들의 삼분의 일이 죽고 배들의 삼분의 일이 깨어지더라』

현대전쟁에서의 핵심은 해상권의 장악에 있다. 보통 사령탑이 항공모함에 있기 때문이다. 항공모함이 안전하게 해안선 가까이로 들어오려면 아시아의 전함과 잠수함들이 모두 파괴되어야 한다. 지금은 인공위성의 발달로 인해서 잠수함들도 쉽게 추적이 된다. 1차 대전이 끝날 무렵에 등장, 위용을 떨쳤던 잠수함들이 지

항공모함

금에 와서는 무용지물이 되기 쉽다는 말이다.

전쟁 초기 아시아의 바다에 있던 전함과 잠수함들은 너무 쉽게 파괴된다. 이들이 쉽게 파괴되는 이유는 인공위성과 무인 전투기들의 발달이 가져다준 결과이다. 과거와 달리 전쟁의 기간이 짧아진 것도 전쟁의 기술이 이미 극치에 이르렀기 때문이다.

대기권에서 날아드는 미사일

(계 8:10-11) 『[10] 셋째 천사가 나팔을 부니 횃불 같이 타는 큰 별이 하늘에서 떨어져 강들의 삼분의 일과 여러 물샘에 떨어지니 [11] 이 별 이름은 쑥이라 물들의 삼분의 일이 쑥이 되매 그 물들이 쓰게 됨을 인하여 많은 사람이 죽더라』

2005년 이후로 인공위성의 발달은 일반 사람들의 상상을 뛰어넘었다. 인공위성에는 지상에서는 한계에 다다른 미사일 발사 시스템이 보완되어 설치되었다. 인공위성에서 발사되는 미사일의 장점은 지상 목표 지점까지 도달하게 되는 시간의 단축에 있다. 보통 미사일이 발사되고 난 후에 목표점에 도달하게 되는 시간은 요격을 준비하기에 충분한 시간을 제공한다. 요격시간을 없애기 위해 인공위성에 미사일 시스템을 장착하는 것이다.

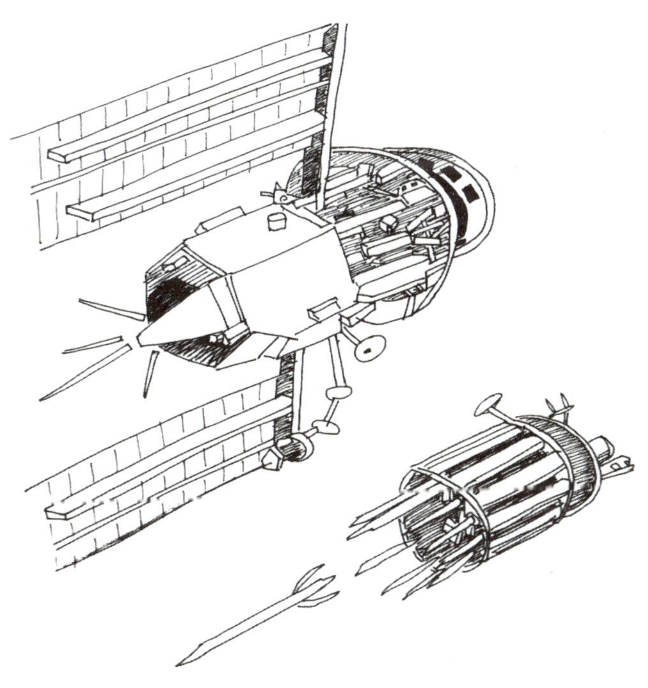

인공위성과 미사일 발사시스템

대기권에서 날아든 미사일은 아시아에 있는 식수원을 파괴할 것이다.

21세기에 들어서면서 중요하게 언급되는 자원이 있다면 그것은 '물'이다. 물은 인류의 생존에 있어서 식량만큼 중요하다. 아시아에 있는 물의 근원인 샘과 강들을 공격한다는 것은 전쟁을 단기간에 끝을 내겠다는 구상과 함께 대량 살상을 목적으로 한다는 것을 알 수 있다. 횃불과 같이 타는 큰 별은 미사일이다. 지금까지 많은 사람들이 '지구로 날아드는 행성이 아닌가' 라고 생각했겠지만 이들 행성이 아시아에 있는 물의 근원들을 파괴한다는 것은 있을 수 없다.

다양한 종류의 전투헬기들의 출현

(계 9:1-11) 『[1] 다섯째 천사가 나팔을 불매 내가 보니 하늘에서 땅에 떨어진 별 하나가 있는데 저가 무저갱의 열쇠를 받았더라 [2] 저가 무저갱을 여니 그 구멍에서 큰 풀무의 연기 같은 연기가 올라오매 해와 공기가 그 구멍의 연기로 인하여 어두워지며 [3] 또 황충이 연기 가운데로부터 땅 위에 나오매 저희가 땅에 있는 전갈의 권세와 같은 권세를 받았더라 [4] 저희에게 이르시되 땅의 풀이나 푸른 것이나 각종 수목은 해하지 말고 오직 이

전투헬기

마에 하나님의 인 맞지 아니한 사람들만 해하라 하시더라 [5] 그러나 그들을 죽이지는 못하게 하시고 다섯 달 동안 괴롭게만 하게 하시는데 그 괴롭게 함은 전갈이 사람을 쏠 때에 괴롭게 함과 같더라 [6] 그 날에는 사람들이 죽기를 구하여도 얻지 못하고 죽고 싶으나 죽음이 저희를 피하리로다 [7] 황충들의 모양은 전쟁을 위하여 예비한 말들 같고 그 머리에 금 같은 면류관 비슷한 것을 썼으며 그 얼굴은 사람의 얼굴 같고 [8] 또 여자의 머리털 같은 머리털이 있고 그 이는 사자의 이 같으며 [9] 또 철흉갑 같은 흉갑이 있고 그 날개들의 소리는 병거와 많은 말들이 전장으로 달려 들어가는 소리 같으며 [10] 또 전갈과 같은 꼬리와 쏘는 살이 있어 그 꼬리에는 다섯 달 동안 사람들을 해하는 권세가 있더라 [11] 저희에게 임금이 있으니 무저갱의 사자라 히브리 음으로 이름은 아바돈이요 헬라 음으로 이름은 아볼루온이더라』

지상전에서 전투헬기의 역할은 굉장히 중요하다. 전투헬기의 주 임무는 기갑부대를 무력화시키는 것이다. 지금은 마이크로파 무기의 개발로 인해서 기갑부대를 과거보다 더 효율적으로 무력화시킬 수 있게 되었다. 미사일 공격이나 전투기의 폭격이 레이더 기지나 군사령부에 대한 공격이라면 전투헬기는 지상전의 전 영역을 지원하는 중요한 기기이다. 1970년대 베트남전에서 선을 보인 아파치 헬기나 코브라 헬기가 일반에게 잘 알려져 있지만 그 외에도 다양한 기종들이 개발되어 있어서 그 기능은 과거에 비해 상상할 수 없을 정도일 것이다.

위의 본문은 황충의 모양에 대해서 자세하게 설명하고 있는데, 전투헬기를 상상하면서 자세히 읽어보면 재미있는 그림이 그려진다. 면류관은 G.P.S를 의미하고, 머리털은 프로펠러를 의미하며, 전갈과 같은 꼬리는 헬기의 뒷부분을 의미하고, 쏘는 살은 미사일을 의미한다. 그리고 헬기의 소리는 많은 말들이 달려가는 소리이다.

또한 최근에는 대부분의 전투헬기들이 지상 위가 아닌 지하 벙커에 숨겨져 있는 것을 감안하면, 무저갱이 의미하는 것이 지하 벙커라는 것을 쉽게 이해할 수 있을 것이다.

무인 기갑 부대

(계 9:13-19) 『[13] 여섯째 천사가 나팔을 불매 내가 들으니 하나님 앞 금단 네 뿔에서 한 음성이 나서 [14] 나팔 가진 여섯째 천사에게 말하기를 큰 강 유브라데에 결박한 네 천사를 놓아 주라 하매 [15] 네 천사가 놓였으니 그들은 그 년 월 일 시에 이르러 사람 삼분의 일을 죽이기로 예비한 자들이더라 [16] 마병

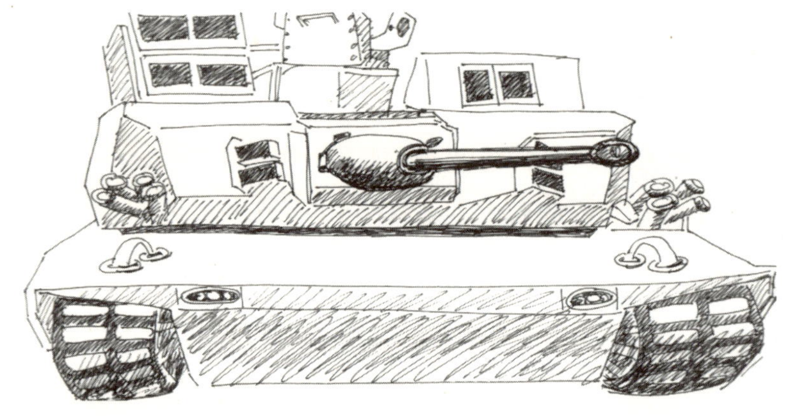

무인탱크

대의 수는 이만 만이니 내가 그들의 수를 들었노라 [17] 이같이 이상한 가운데 그 말들과 그 탄 자들을 보니 불빛과 자줏빛과 유황빛 흉갑이 있고 또 말들의 머리는 사자 머리 같고 그 입에서는 불과 연기와 유황이 나오더라 [18] 이 세 재앙 곧 저희 입에서 나오는 불과 연기와 유황을 인하여 사람 삼분의 일이 죽임을 당하니라 [19] 이 말들의 힘은 그 입과 그 꼬리에 있으니 그 꼬리는 뱀 같고 또 꼬리에 머리가 있어 이 것으로 해하더라』

탱크를 비롯해서 무기를 운송하는 캐리어들은 이미 2005년부터 무인화되었다. 무인탱크의 숫자를 2억이라고 말할 수 있는 것은 사람이 타지 않은 탱크는 무게에 있어서도 현저하게 가벼워져서 얼마는지 대량생산이 가능하기 때문이다. 큰 강 유프라테스는 이라크 지역을 의미하는데, 이곳에서 무인탱크들이 다량으로 만들어져서 한 날을 기점으로 원을 그리며 아시아에 배치되고, 점점 중심부를 향해 이동하게 될 것이다. 과거의 전투 기법은 한 방향으로 밀어붙이기 식이었으나 지금은 2억이라는 숫자를 이용해서 아시아를 원으로 감싸 안은 상태에서 중앙을 향해서 들어오는 것이 가능해졌다.

이라크 지역의 지하 벙커는 무인탱크를 생산하는 기지로 준비될 것이 분명하다. 이라크 지역의 특성상, 항공기를 이용해서 무

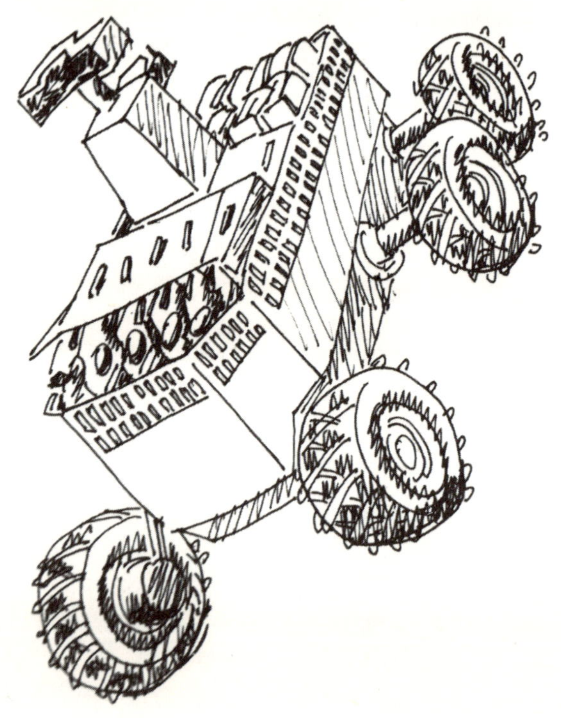

캐리어

마이크로칩

인탱크를 운반하고 아시아 전체를 무인탱크로 둘러싸는데 하루가
걸리지 않는다.

아시아의 멸망 후에 적그리스도 제국인 바벨론이 출현하게 되
는데, 그 나라는 사람들에게 손목과 이마에 칩을 받도록 한다. 이
칩은 마이크로 칩으로 뇌에 이식되게 되어 있다. 이 칩의 특징은
인공위성을 통해서 뇌의 파장을 통제함으로써, 사람들을 자신들
이 원하는 사람들로 만들 수 있다는 데 있다.

제4장 중동 국가들의 멸망

중동 국가들의 멸망은 2001년 9월 11일 이후 이미 시작되었다. 중동 지역은 석유와 연결된 중요한 지역이기에 1차 대전이 끝이 나면서 통제된 지역으로 분류되었었다. 하지만 2003년 미국과 그의 연합국들이 이라크를 점령함으로써 실질적인 중동 국가들의 멸망은 가속화되었다.

성경이 주목하고 있는 적그리스도에 의한 멸망의 징조는 알렉산더 대왕에서부터 시작되었다. 이 후 프톨레마이오스가 애굽을 다스리고 셀류코스가 바벨론 지역을 장악하여 셀류코스 왕조를 세우면서 본격적으로 나타난다. 두 왕조의 다툼이 끝날 무렵, 적그리스도로 대변되는 안티오쿠스 에피파네서 4세가 예루살렘 성전 마당 번제단 자리에 제우스 동상을 세우게 된다. 하지만 마카

비 혁명으로 유다라는 나라가 회복된다. 마지막 날에 대한 선포
는 그 이후에 있다.

다니엘 11장 3절은 알렉산더 대왕에 대한 언급과 함께 4절에
서 그의 네 명의 장군에게 권세가 돌아갈 것에 대해서 언급하고
있다.

(단 11:1-4) 『[1] 내가 또 메대 사람 다리오 원년에 일어나 그를 돕고 강하
게 한 일이 있었느니라 [2] 이제 내가 참된 것을 네게 보이리라
보라 바사에서 또 세 왕이 일어날 것이요 그 후의 넷째는 그들
보다 심히 부요할 것이며 그가 그 부요함으로 강하여진 후에는
모든 사람을 격동시켜 헬라국을 칠 것이며 [3] 장차 한 능력 있
는 왕이 일어나서 큰 권세로 다스리며 임의로 행하리라 [4] 그
러나 그가 강성할 때에 그 나라가 갈라져 천하 사방에 나누일
것이나 그 자손에게로 돌아가지도 아니할 것이요 또 자기가 주
장하던 권세대로도 되지 아니하리니 이는 그 나라가 뽑혀서 이
외의 사람들에게로 돌아갈 것임이니라』

다니엘서 11장 5절-39절은 알렉산더 대왕의 장군들 중에서 강
한 세력을 가졌던 프톨레마이오스와 셀류코스가 세운 두 개의 왕
조 사이의 전쟁을 다루고 있다. 프톨레마이오스는 애굽 지역을 차

지하고, 셀류코스 왕조는 시리아지역을 차지하게 된다. 이들 간의 전쟁은 로마가 등장해 세력을 확장하기 전까지 계속되었다. 29절에 언급된 깃딤의 배들은 로마 제국의 군대를 의미한다. 로마는 처음에는 프톨레마이오스 왕조가 속해있는 애굽을 지원하지만 점차 그 영역을 확대해 갔다.

안티오쿠스 에피파네스 4세에 대한 내용은 아래와 같다.

(단 11:28-32) 『[28] 북방 왕은 많은 재물을 가지고 본국으로 돌아가리니 그는 마음으로 거룩한 언약을 거스리며 임의로 행하고 본토로 돌아갈 것이며 [29] 작정된 기한에 그가 다시 나와서 남방에 이를 것이나 이번이 그 전번만 못하리니 [30] 이는 깃딤의 배들이 이르러 그를 칠 것임이라 그가 낙심하고 돌아가며 거룩한 언약을 한하고 임의로 행하며 돌아가서는 거룩한 언약을 배반하는 자를 중히 여길 것이며 [31] 군대는 그의 편에 서서 성소 곧 견고한 곳을 더럽히며 매일 드리는 제사를 폐하며 멸망케 하는 미운 물건을 세울 것이며 [32] 그가 또 언약을 배반하고 악행하는 자를 궤휼로 타락시킬 것이나 오직 자기의 하나님을 아는 백성은 강하여 용맹을 발하리라』

안티오크수 에피파네스 4세 때에, 로마로 인해서 프톨레마이오스 왕조에 대한 공격이 실패로 돌아간다. 하지만 돌아오는 길에 예루살렘을 탈취하고, 예루살렘 성전 마당 번제단 자리에 제우스 동상을 세우게 된다. 그의 예루살렘에 대한 횡포도 마카비 혁명이 일어나면서 끝이 나게 된다. 마카비 혁명에 대한 내용은 간단하게 언급되어 있다.

(단 11:32-35) 『[32] 그가 또 언약을 배반하고 악행하는 자를 궤휼로 타락시킬 것이나 오직 자기의 하나님을 아는 백성은 강하여 용맹을 발하리라 [33] 백성 중에 지혜로운 자가 많은 사람을 가르칠 것이나 그들이 칼날과 불꽃과 사로잡힘과 약탈을 당하여 여러 날 동안 쇠패하리라 [34] 그들이 쇠패할 때에 도움을 조금 얻을 것이나 많은 사람은 궤휼로 그들과 친합할 것이며 [35] 또 그들 중 지혜로운 자 몇 사람이 쇠패하여 무리로 연단되며 정결케 되며 희게 되어 마지막 때까지 이르게 하리니 이는 작정된 기한이 있음이니라』

마카비 혁명의 성공으로 마카비 왕조가 세워지고 난 후 잠시 동안 성전이 회복되면서 유다는 안정을 찾게 된다. 하지만 시간이 지나면서 마카비 왕조의 내분으로 로마를 끌어들이게 되고 왕권이 에돔 사람인 헤롯에게로 넘어 가게 된다.

　　중동 지역에 대한 마지막 날의 메시지는 40절 이후에 등장하게 된다.

(단 11:40-45) 『[40] 마지막 때에 남방 왕이 그를 찌르리니 북방 왕이 병거와 마병과 많은 배로 회리바람처럼 그에게로 마주 와서 그 여러 나라에 들어가며 물이 넘침 같이 지나갈 것이요 [41] 그가 또 영화로운 땅에 들어갈 것이요 많은 나라를 패망케 할 것이나 오직 에돔과 모압과 암몬 자손의 존귀한 자들은 그 손에서 벗어나리라 [42] 그가 열국에 그 손을 펴리니 애굽 땅도 면치 못할 것이므로 [43] 그가 권세로 애굽의 금 은과 모든 보물을 잡을 것이요 리비아 사람과 구스 사람이 그의 시종이 되리라 [44] 그러나 동북에서부터 소문이 이르러 그로 번민케 하므로 그가 분노하여 나가서 많은 무리를 다 도륙하며 진멸코자 할 것이요 [45] 그가 장막 궁전을 바다와 영화롭고 거룩한 산 사이에 베풀 것이나 그의 끝이 이르리니 도와줄 자가 없으리라』

　　위의 본문은 프톨레마이오스 왕조와 셀류코스 왕조의 연결선상에서 설명되고 있지만, 그 내용 면에서는 판이하게 다르다. 북방 왕은 바벨론(이라크) 지역을 다스리는 자를 의미하며, 남방 왕은 애굽(지금의 이집트) 지역을 다스리는 자를 의미하는데, 마지막 때에 남방 왕이 북방 왕에게 반기를 들고 일어난 후의 상황을 그리고 있다.

이 본문은 이스라엘의 성전 건축과 연결된 본문으로, 앞으로 일어날 중동 전쟁에 대한 설명이다. 이라크 지역에 주둔하고 있는 미군은 이스라엘 군과 함께 중동 지역을 완전히 장악하게 된다. 그 계기가 되는 것은 중동 국가들의 반란일 것이다. 그 반란의 주축에 이집트가 설 것이 분명하다. 그들이 반란으로 일어난 것은 예루살렘 성전 건축과 깊은 연관이 있다. 중동 국가들을 진압한 미국과 이스라엘은 성전 건축을 시작하고, 이로써 다니엘이 말한 70이레의 마지막 한 이레가 시작된다.

일곱째 나팔과 그리스도의 복음의 비밀

(계 10:7) 『일곱째 천사가 소리 내는 날 그 나팔을 불게 될 때에 하나님의 비밀이 그 종 선지자들에게 전하신 복음과 같이 이루리라』

적그리스도의 제국은 중동지역에 세워진다. 그 이유는 아프리카와 유럽과 아시아의 중앙에 위치하고 있기 때문이다. 일곱째 나팔이 불리어지면 두 가지 사건이 일어난다. 하나는 적그리스도 제국의 출현이고, 다른 하나는 하늘에서 사단이 그리스도에게 패하여 땅으로 내려오고, 죽은 자들이 살아나서 공중에서 예수 그리스도를 만나게 된다.

그리스도의 비밀

(고전 15:51-57) 『[51] 보라 내가 너희에게 비밀을 말하노니 우리가 다 잠잘 것이 아니요 마지막 나팔에 순식간에 홀연히 다 변화하리니 [52] 나팔 소리가 나매 죽은 자들이 썩지 아니할 것으로 다시 살고 우리도 변화하리라 [53] 이 썩을 것이 불가불 썩지 아니할 것을 입겠고 이 죽을 것이 죽지 아니함을 입으리로다 [54] 이 썩을 것이 썩지 아니함을 입고 이 죽을 것이 죽지 아니함을 입을 때에는 사망이 이김의 삼킨 바 되리라고 기록된 말씀이 응하리라 [55] 사망아 너의 이기는 것이 어디 있느냐 사망아 너의 쏘는 것이 어디 있느냐 [56] 사망의 쏘는 것은 죄요 죄의 권능은 율법이라 [57] 우리 주 예수 그리스도로 말미암아 우리에게 이김을 주시는 하나님께 감사하노니』

성경이 기록하고 있는 비밀은 죽은 자들이 마지막 나팔에 홀연히 변화되어서 다시 살아나고, 공중으로 올라가서 그리스도를 만나게 되는 것이다. 사망이 더 이상 승리하지 못하고, 온전히 패배하게 되고, 온전히 승리를 거둔 자들이 부활해서 그리스도를 만나게 되는 것이다. 믿는 자들의 승리는 영혼의 구원을 넘어서 육체가 부활의 몸을 입고, 온전한 몸으로 그리스도 앞으로 나아가는 것이다.

요한계시록은 마지막 나팔이 불리어지기 전에 명단이 적혀 있는 작은 두루마리를 가지고 천사들에게 명령하는 부분이 등장한다.

(계 10:1-7) 『[1] 내가 또 보니 힘센 다른 천사가 구름을 입고 하늘에서 내려오는데 그 머리 위에 무지개가 있고 그 얼굴은 해 같고 그 발은 불기둥 같으며 [2] 그 손에 펴 놓인 작은 책을 들고 그 오른발은 바다를 밟고 왼발은 땅을 밟고 [3] <u>사자의 부르짖는 것 같이 큰 소리로 외치니 외칠 때에 일곱 우뢰가 그 소리를 발하더라</u> [4] 일곱 우뢰가 발할 때에 내가 기록하려고 하다가 곧 들으니 하늘에서 소리 나서 말하기를 일곱 우뢰가 발한 것을 인봉하고 기록하지 말라 하더라 [5] 내가 본 바 바다와 땅을 밟고 섰는 천사가 하늘을 향하여 오른손을 들고 [6] 세세토록 살아계신 자 곧 하늘과 그 가운데 있는 물건이며 땅과 그 가운데 있는 물건이며 바다와 그 가운데 있는 물건을 창조하신 이를 가리켜 맹세하여 가로되 <u>지체하지 아니하리니</u> [7] 일곱째

천사가 소리 내는 날 그 나팔을 불게 될 때에 하나님의 비밀이

그 종 선지자들에게 전하신 복음과 같이 이루리라』

펴 놓은 작은 책을 들고, 천사가 우레 소리를 발하게 되면서 작은 책에 기록된 부활에 참여하는 자들을 준비하기 위해서 천사들이 부지런히 움직이게 된다. 이것은 지체할 수 없는 일이다. 왜냐하면 일곱째 나팔이 곧 불리어지기 때문이다.

일곱째 나팔의 메시지

(계 11: 15-19) 『[15] 일곱째 천사가 나팔을 불매 하늘에 큰 음성들이 나서 가로되 세상 나라가 우리 주와 그 그리스도의 나라가 되어 그가 세세토록 왕 노릇 하시리로다 하니 [16] 하나님 앞에 자기 보좌에 앉은 이십사 장로들이 엎드려 얼굴을 대고 하나님께 경배하여 [17] 가로되 감사하옵나니 옛적에도 계셨고 시방도 계신 주 하나님 곧 전능하신 이여 친히 큰 권능을 잡으시고 왕 노릇 하시도다 [18] 이방들이 분노하매 주의 진노가 임하여 죽은 자를 심판하시며 종 선지자들과 성도들과 또 무론대소하고 주의 이름을 경외하는 자들에게 상 주시며 또 땅을 망하게 하는 자들을 멸망시키실 때로소

이다 하더라 [19] 이에 하늘에 있는 하나님의 성전이 열리니 성전 안에 하나님의 언약궤가 보이며 또 번개와 음성들과 뇌성과 지진과 큰 우박이 있더라』

일곱째 나팔이 불리어질 때, 선포되는 메시지는 다음과 같다.

1. 세상 나라가 주와 그리스도의 나라가 된다.

이 세상이 사단에게 속하여 오랫동안 불의 가운데 놓이게 되었으나 일곱째 나팔이 불리어지면서 이 세상의 나라가 망하게 되고, 그리스도의 나라가 되어진다고 선포된다. (15절)

2. 하나님이 친히 왕노릇 하신다. (17절)

3. 죽은 자를 심판하신다. (18절)

많은 사람들은 '왜 그리스도가 이 땅을 심판하고 망하게 하시는가?' 라고 의문을 가지기 쉽다. 많은 사람들이 알지 못하는 것 가운데 하나가 이 세상이 사단에 의해서 다스려져 왔다는 것이다. 예수님의 십자가 승리로 복음이 전해지는 곳에는 하나님의 통치가 나타났으나 십자가의 승리로 주어진 성도의 권세가 사단의 권세를 이길 수는 없었던 것이다. 완전한 심판은 그리스도의 재림을 통해서 이루어지는 것이다.

적그리스도 제국의 출현

적그리스도의 제국은 예루살렘 성전이 지어지고 난 후에 등장하게 된다. 예루살렘 성전이 지어지는 동안에는 중동 전쟁과 아시아의 멸망이 있다. 이 기간은 칠년 환란 가운데 전 3년 6개월 동안 일어나게 된다. 후 3년 6개월이 시작되면서 본격적인 적그리스도 제국이 출현하게 된다. 그 이유는 유대인의 회인 음녀를 완전히 멸하고 난 후에야 적그리스도가 완전한 권력을 잡기 때문이다.

전 3년 6개월 동안 성전이 지어지는데 그 때에 두 증인이 나타나서 마지막 때를 경고하게 된다.

(계 11:1-13) 『[1] 또 내게 지팡이 같은 갈대를 주며 말하기를 일어나서 하나님의 성전과 제단과 그 안에서 경배하는 자들을 척량하되 [2] 성전 밖 마당은 척량하지 말고 그냥 두라 이것을 이방인에게 주었은즉 저희가 거룩한 성을 마흔두 달 동안 짓밟으리라 [3] 내가 나의 두 증인에게 권세를 주리니 저희가 굵은 베

옷을 입고 일천이백육십 일을 예언하리라 [4] 이는 이 땅의
주 앞에 섰는 두 감람나무와 두 촛대니 [5] 만일 누구든지 저
희를 해하고자 한즉 저희 입에서 불이 나서 그 원수를 소멸할
지니 누구든지 해하려 하면 반드시 이와 같이 죽임을 당하리
라 [6] 저희가 권세를 가지고 하늘을 닫아 그 예언을 하는 날
동안 비 오지 못하게 하고 또 권세를 가지고 물을 변하여 피
되게 하고 아무 때든지 원하는 대로 여러 가지 재앙으로 땅을
치리로다 [7] 저희가 그 증거를 마칠 때에 무저갱으로부터 올
라오는 짐승이 저희로 더불어 전쟁을 일으켜 저희를 이기고
저희를 죽일 터인즉 [8] 저희 시체가 큰 성 길에 있으리니 그
성은 영적으로 하면 소돔이라고도 하고 애굽이라고도 하니
곧 저희 주께서 십자가에 못 박히신 곳이니라 [9] 백성들과
족속과 방언과 나라 중에서 사람들이 그 시체를 사흘 반 동안
을 목도하며 무덤에 장사하지 못하게 하리로다 [10] 이 두 선
지자가 땅에 거하는 자들을 괴롭게 한 고로 땅에 거하는 자들
이 저희의 죽음을 즐거워하고 기뻐하여 서로 예물을 보내리
라 하더라 [11] 삼 일 반 후에 하나님께로부터 생기가 저희
속에 들어가매 저희 발로 일어서니 구경하는 자들이 크게 두
려워하더라 [12] 하늘로부터 큰 음성이 있어 이리로 올라오
라 함을 저희가 듣고 구름을 타고 하늘로 올라가니 저희 원수
들도 구경하더라 [13] 그 시에 큰 지진이 나서 성 십분의 일

이 무너지고 지진에 죽은 사람이 칠천이라 그 남은 자들이 두려워하여 영광을 하늘의 하나님께 돌리더라』

　두 증인은 두 감람나무와 두 촛대라고 한다. 두 촛대는 두 교회를 의미하며, 이스라엘 자손들을 대표하는 두 개의 교회를 의미한다. 두 감람나무는 두 명의 영적 지도자를 의미한다. 이스라엘 자손들을 대표하는 교회들이 생겨난 것은 요한계시록 7장에서 여섯째 인이 떼어지고 난 후에 일어난 이스라엘의 성령의 역사로 인한 것이다.

(계 7:1-8) 『[1] 이 일 후에 내가 네 천사가 땅 네 모퉁이에 선 것을 보니 땅의 사방의 바람을 붙잡아 바람으로 하여금 땅에나 바다에나 각종 나무에 불지 못하게 하더라 [2] 또 보매 다른 천사가 살아 계신 하나님의 인을 가지고 해 돋는 데로부터 올라와서 땅과 바다를 해롭게 할 권세를 얻은 네 천사를 향하여 큰 소리로 외쳐 [3] 가로되 우리가 우리 하나님의 종들의 이마에 인치기까지 땅이나 바다나 나무나 해하지 말라 하더라 [4] 내가 인 맞은 자의 수를 들으니 이스라엘 자손의 각 지파 중에서 인 맞은 자들이 십사만 사천이니 [5] 유다 지파 중에 인 맞은 자가 일만 이천이요 르우벤 지파 중에 일만 이천이요 갓 지파 중에 일만 이천이요 [6] 아셀 지파 중에 일만 이천이요 납달리 지파 중에 일만 이천

이요 므낫세 지파 중에 일만 이천이요 [7] 시므온 지파 중에 일만 이천이요 레위 지파 중에 일만 이천이요 잇사갈 지파 중에 일만 이천이요 [8] 스불론 지파 중에 일만 이천이요 요셉 지파 중에 일만 이천이요 베냐민 지파 중에 인 맞은 자가 일만 이천이라』

성령의 역사로 인해서 이스라엘 나라에 십사만사천명의 사람들이 성령을 받게 되고, 이로 인해서 성령의 강한 역사가 이스라엘 전역을 덮게 된다. 이 사건은 아시아의 멸망이 시작되면서부터 일어난 사건이다. 일곱째 인이 불리어 지고, 일곱 나팔이 시작되기 전에 일어난 이스라엘 부흥의 역사는 마지막 추수를 위한 늦은 비와 연결된다.

두 증인의 경고의 내용은 자세하게 언급되어져 있지 않으나 적그리스도에게 동조해서 예루살렘 성전을 세우고, 적그리스도를 자신들의 그리스도로 추대하는 사건을 경고한 것으로 생각할 수 있다. 적그리스도는 예루살렘 성전의 건축을 허가해 주었을 뿐만 아니라 그에 대항하는 중동의 나라들을 과감하게 진압하여서 중동의 평화를 가져다주는 사람으로 보였을 것이다.

두 증인이 적그리스도가 전쟁에서 승리하고 돌아오면서 죽임을 당하게 되는데, 그들의 시체가 예루살렘 성 밖에서 3일을 있고 난 후에 다시 살아서 하늘로 올라가게 된다.

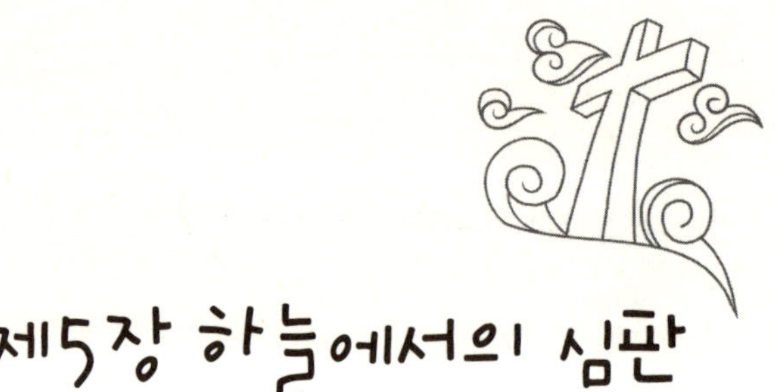

제5장 하늘에서의 심판

하늘에서의 전쟁

하늘에서의 전쟁은 후 3년 6개월이 시작되고 이스라엘이 멸망하는 사건과 연결해서 일어난다.

(계 12:6-11) 『[6] 그 여자가 광야로 도망하매 거기서 일천이백육십 일 동안 저를 양육하기 위하여 하나님의 예비하신 곳이 있더라 [7] 하늘에 전쟁이 있으니 미가엘과 그의 사자들이 용으로 더불어 싸울새 용과 그의 사자들도 싸우나 [8] 이기지 못하여 다시 하늘에서 저희의 있을 곳을 얻지 못한지라 [9] 큰 용이 내어 쫓기니 옛 뱀 곧 마귀라고도 하고 사단이라고도 하는 온

천하를 꾀는 자라 땅으로 내어 쫓기니 그의 사자들도 저와 함께 내어 쫓기니라 [10] 내가 또 들으니 하늘에 큰 음성이 있어 가로되 이제 우리 하나님의 구원과 능력과 나라와 또 그의 그리스도의 권세가 이루었으니 우리 형제들을 참소하던 자 곧 우리 하나님 앞에서 밤낮 참소하던 자가 쫓겨났고 [11] 또 여러 형제가 어린양의 피와 자기의 증거하는 말을 인하여 저를 이기었으니 그들은 죽기까지 자기 생명을 아끼지 아니하였도다』

요한계시록 12장 6절은 후 3년 6개월 때에 이스라엘 자손들이 광야로 도망해서 3년 6개월 동안 양육을 받는 내용을 담고 있다. 이 때 하늘에서는 전쟁이 있다. 그 전쟁은 예수님께서 이미 대기권에 노착하셨음과 그의 군대들이 공중에 자리를 잡고 있는 사단과 사단에게 속한 사자들을 쳐서 이기고 승리했음을 말해준다. 사단은 자신의 공중 권세를 완전히 상실함으로써 땅으로 내려가서 사람들 중에서 하나님께 속한 자들과 속하지 않은 자들을 나누게 된다. 이 사건이 666이라 칭해지는 칩을 받게 하는 사건이다.

(엡 2:2) 『그 때에 너희가 그 가운데서 행하여 이 세상 풍속을 좇고 공중의 권세 잡은 자를 따랐으니 곧 지금 불순종의 아들들 가운데서 역사하는 영이라』

하늘에서의 전쟁에서 패배한 사단은 그동안 자신이 가졌던 공중의 권세를 완전히 상실하게 된다. 사단이 가졌던 공중의 권세는 그동안 하나님의 사람들의 기도를 방해하고, 사람들을 자신의 영으로 지배해 왔던 권세였다. 그는 세상의 풍습을 만들어서 사람들의 생각을 문화와 전통이라는 이름으로 지배해 왔었다.

제6장 적그리스도 제국

적그리스도 제국의 출현

(계13:1-10) 『[1] 내가 보니 바다에서 한 짐승이 나오는데 뿔이 열이요 머리가 일곱이라 그 뿔에는 열 면류관이 있고 그 머리들에는 참람한 이름들이 있더라 [2] 내가 본 짐승은 표범과 비슷하고 그 발은 곰의 발 같고 그 입은 사자의 입 같은데 용이 자기의 능력과 보좌와 큰 권세를 그에게 주었더라 [3] 그의 머리 하나가 상하여 죽게 된 것 같더니 그 죽게 되었던 상처가 나으매 온 땅이 이상히 여겨 짐승을 따르고 [4] 용이 짐승에게 권세를 주므로 용에게 경배하며 짐승에게 경배하여 가로되 누가 이 짐승과 같으뇨 누가 능히 이로 더불어 싸우리요 하더라

[5] 또 짐승이 큰 말과 참람된 말하는 입을 받고 또 마흔두 달 일할 권세를 받으니라 [6] 짐승이 입을 벌려 하나님을 향하여 훼방하되 그의 이름과 그의 장막 곧 하늘에 거하는 자들을 훼방하더라 [7] 또 권세를 받아 성도들과 싸워 이기게 되고 각 족속과 백성과 방언과 나라를 다스리는 권세를 받으니 [8] 죽임을 당한 어린양의 생명책에 창세 이후로 녹명되지 못하고 이 땅에 사는 자들은 다 짐승에게 경배하리라 [9] 누구든지 귀가 있거든 들을지어다 [10] 사로잡는 자는 사로잡힐 것이요 칼에 죽이는 자는 자기도 마땅히 칼에 죽으리니 성도들의 인내와 믿음이 여기 있느니라』

적그리스도 제국의 출현은 일곱째 적그리스도가 죽음에서 살아나면서부터이다. 적그리스도가 유대인의 회에 속한 사람들을 모두 제거하고 난 후에 비로소 그의 권세가 완전하게 되는데, 그 과정에서 적그리스도는 치명적인 상처를 입고 죽음 직전까지 가게 된다. 하지만 의학의 발달로 그는 다시 살아나게 된다. 그가 다시 살아나면서 그의 권세가 완전해지고, 자신의 권세에 대항하는 성도들을 제거하고, 모든 나라와 모든 족속들을 다스리는 권세를 얻게 된다. 그의 나라는 지금까지의 어떤 나라보다 완전하고 거대한 나라처럼 보인다. 하지만 그에게 주어진 시간은 마흔 두 달밖에 없다는 것을 기억해야 한다. (5절)

적그리스도 제국은 방송을 장악하고, 사람들에게 광고를 통해서 자신들이 세우게 될 새로운 나라를 유토피아라고 선전하면서 사람들의 동참을 요구한다. 방송파는 666 칩을 받은 사람들의 생각을 무의식적으로 조종하게 된다.

거짓 선지자의 출현

거짓 선지자는 적그리스도와 함께 그리스도의 심판을 받고 산 채로 불못에 던져질 존재이다. 그는 지혜와 모략에 뛰어나서 적그리스도 제국이 굳건히 서도록 돕는다. 그가 제안한 일은 적그리스도를 위하여 우상을 만들고 사람들에게 짐승의 표를 받게 하는 일이었나.

(계 13:11-18) 『[11] 내가 보매 또 다른 짐승이 땅에서 올라오니 새끼 양 같이 두 뿔이 있고 용처럼 말하더라 [12] 저가 먼저 나온 짐승의 모든 권세를 그 앞에서 행하고 땅과 땅에 거하는 자들로 처음 짐승에게 경배하게 하니 곧 죽게 되었던 상처가 나은 자니라 [13] 큰 이적을 행하되 심지어 사람들 앞에서 불이 하늘로부터 땅에 내려오게 하고 [14] 짐승 앞에서 받은 바 이적을 행함으로 땅에 거하는 자들을 미혹하며 땅에 거

하는 자들에게 이르기를 칼에 상하였다가 살아난 짐승을 위하여 우상을 만들라 하더라 [15] 저가 권세를 받아 그 짐승의 우상에게 생기를 주어 그 짐승의 우상으로 말하게 하고 또 짐승의 우상에게 경배하지 아니하는 자는 몇이든지 다 죽이게 하더라 [16] 저가 모든 자 곧 작은 자나 큰 자나 부자나 빈궁한 자나 자유한 자나 종들로 그 오른손에나 이마에 표를 받게 하고 [17] 누구든지 이 표를 가진 자 외에는 매매를 못하게 하니 이 표는 곧 짐승의 이름이나 그 이름의 수라 [18] 지혜가 여기 있으니 총명 있는 자는 그 짐승의 수를 세어 보라 그 수는 사람의 수니 육백육십육이니라』

거짓 선지자는 두 증인이 사라진 후에 본격적으로 이적과 기사를 일으켜 사람들의 마음을 적그리스도에게로 향하게 한다. 거짓 선지자가 행하는 이적 가운데 가장 주목할 만한 것은 짐승의 우상을 만들고, 그 우상으로 하여금 말을 하게 만든다는 것이다. 사람들이 이 세상을 살아오면서 경험할 수 없었던 영적인 세계를 보면서 적그리스도에게로 향하게 된다.

음녀

(계17:1-18) 『[1] 또 일곱 대접을 가진 일곱 천사 중 하나가 와서 내게 말하여 가로되 이리 오라 많은 물 위에 앉은 큰 음녀의 받을 심판을 네게 보이리라 [2] 땅의 임금들도 그로 더불어 음행하였고 땅에 거하는 자들도 그 음행의 포도주에 취하였다 하고 [3] 곧 성령으로 나를 데리고 광야로 가니라 내가 보니 여자가 붉은 빛 짐승을 탔는데 그 짐승의 몸에 참람된 이름들이 가득하고 일곱 머리와 열 뿔이 있으며 [4] 그 여자는 자줏빛과 붉은빛 옷을 입고 금과 보석과 진주로 꾸미고 손에 금잔을 가졌는데 가증한 물건과 그의 음행의 더러운 것들이 가득하더라 [5] 그 이마에 이름이 기록되었으니 비밀이라, 큰 바벨론이라, 땅의 음녀들과 가증한 것들의 어미라 하였더라 [6] 또 내가 보매 이 여자가 성도들의 피와 예수의 증인들의 피에 취한지라 내가 그 여자를 보고 기이히 여기고 크게 기이히 여기니 [7] 천사가 가로되 왜 기이히 여기느냐 내가 여자와 그의 탄 바 일곱 머리와 열 뿔 가진 짐승의 비밀을 네게 이르리라 [8] 네가 본 짐승은 전에 있었다가 시방 없으나 장차 무저갱으로부터 올라와 멸망으로 들어갈 자니 땅에 거하는 자들로서 창세 이후로 생명책에 녹명되지 못한 자들이 이전에 있었다가 시방 없으나 장차 나올 짐승을 보고 기이히 여기리라

[9] 지혜 있는 뜻이 여기 있으니 그 일곱 머리는 여자가 앉은 일곱 산이요 [10] 또 일곱 왕이라 다섯은 망하였고 하나는 있고 다른 이는 아직 이르지 아니하였으나 이르면 반드시 잠간 동안 계속하리라 [11] 전에 있었다가 시방 없어진 짐승은 여덟째 왕이니 일곱 중에 속한 자라 저가 멸망으로 들어가리라 [12] 네가 보던 열 뿔은 열 왕이니 아직 나라를 얻지 못하였으나 다만 짐승으로 더불어 임금처럼 권세를 일시 동안 받으리라 [13] 저희가 한 뜻을 가지고 자기의 능력과 권세를 짐승에게 주더라 [14] 저희가 어린양으로 더불어 싸우려니와 어린양은 만주의 주시요 만왕의 왕이시므로 저희를 이기실 터이요 또 그와 함께 있는 자들 곧 부르심을 입고 빼내심을 얻고 진실한 자들은 이기리로다 [15] 또 천사가 내게 말하되 네가 본 바 음녀의 앉은 물은 백성과 무리와 열국과 방언들이니라 [16] 네가 본 바 이 열 뿔과 짐승이 음녀를 미워하여 망하게 하고 벌거벗게 하고 그 살을 먹고 불로 아주 사르리라 [17] 하나님이 자기 뜻대로 할 마음을 저희에게 주사 한 뜻을 이루게 하시고 저희 나라를 그 짐승에게 주게 하시되 하나님 말씀이 응하기까지 하심이니라 [18] 또 내가 본 바 여자는 땅의 임금들을 다스리는 큰 성이라 하더라』

음녀는 사람을 칭하는 것이 아니라 한 나라 혹은 단체를 의미한다. 성경 상에서 음녀에 대한 해석은 남편이 있는 여자가 다른 남자와 행음을 하는 경우를 말한다. 음녀를 이해할 수 있는 다음의 본문을 보라.

(겔 16:1-43) 『[1] 여호와의 말씀이 또 내게 임하여 가라사대 [2] 인자야 **예루살렘**으로 그 가증한 일을 알게 하여 [3] 이르기를 주 여호와께서 예루살렘에 대하여 말씀하시되 네 근본과 난 땅은 가나안이요 네 아비는 아모리 사람이요 네 어미는 헷사람이라 [4] 너의 난 것을 말하건대 네가 날 때에 네 배꼽줄을 자르지 아니하였고 너를 물로 씻어 정결케 하지 아니하였고 네게 소금을 뿌리지 아니하였고 너를 강보에 싸지도 아니하였나니 [5] 너를 돌아 보아 이 중에 한 가지라도 네게 행하여 너를 긍휼히 여긴 자가 없었으므로 네가 나던 날에 네 몸이 꺼린 바 되어 네가 들에 버리웠었느니라 [6] 내가 네 곁으로 지나 갈 때에 네가 피투성이가 되어 발짓하는 것을 보고 네게 이르기를 너는 피투성이라도 살라 다시 이르기를 너는 피투성이라도 살라 하고 [7] 내가 너로 들의 풀 같이 많게 하였더니 네가 크게 자라고 심히 아름다우며 유방이 뚜렷하고 네 머리털이 자랐으나 네가 오히려 벌거벗은 적신이더라 [8] 내가 네 곁으로 지나며 보니 네 때가 사랑스러운 때라 내 옷으로 너를 덮어 벌거벗은 것을 가리우고 네게 맹세하고 언약하

여 너로 내게 속하게 하였었느니라 나 주 여호와의 말이니라 [9] 내가 물로 너를 씻겨서 네 피를 없이 하며 네게 기름을 바르고 [10] 수놓은 옷을 입히고 물돼지 가죽신을 신기고 가는 베로 띠우고 명주로 덧입히고 [11] 패물을 채우고 팔고리를 손목에 끼우고 사슬을 목에 드리우고 [12] 코고리를 코에 달고 귀고리를 귀에 달고 화려한 면류관을 머리에 씌웠나니 [13] 이와 같이 네가 금, 은으로 장식하고 가는 베와 명주와 수놓은 것을 입으며 또 고운 밀가루와 꿀과 기름을 먹음으로 극히 곱고 형통하여 왕후의 지위에 나아갔느니라 [14] 네 화려함을 인하여 네 명성이 이방인 중에 퍼졌음은 내가 네게 입힌 영화로 네 화려함이 온전함이니라 나 주 여호와의 말이니라 [15] 그러나 네가 네 화려함을 믿고 네 명성을 인하여 행음하되 무릇 지나가는 자면 더불어 음란을 많이 행하므로 네 몸이 그들의 것이 되도다 [16] 네가 네 의복을 취하여 색스러운 산당을 너를 위하여 만들고 거기서 행음하였나니 이런 일은 전무후무하니라 [17] 네가 또 나의 준 금, 은 장식품으로 너를 위하여 남자 우상을 만들어 행음하며 [18] 또 네 수놓은 옷으로 그 우상에게 입히고 나의 기름과 향으로 그 앞에 베풀며 [19] 또 내가 네게 주어 먹게 한 내 식물 곧 고운 밀가루와 기름과 꿀을 네가 그 앞에 베풀어 향기를 삼았나니 과연 그렇게 하였느니라 나 주 여호와의 말이니라 [20] 또 네가 나를 위하여 낳은 네 자녀를 가져 그들에게 드려 제물을 삼아 불살랐느니라 네가 너의 음행을 작은 일로 여겨서 [21] 나의 자녀들을 죽여 우상에게 붙여 불 가운데로 지나가게 하였느냐 [22] 네 어렸을 때에 벌거벗어 적신이었으며 피투성이가 되어서 발짓하던 것을 기억지 아니하고 네가 모든 가증한 일과 음란을 행하였느니라 [23] 나 주 여호와가 말하노라 너는 화 있을진저 화 있을진저 네가 모든 악을 행한 후에 [24] 너를 위하여 누를 건축하며 모든 거리에 높은 대를 쌓았도다 [25] 네가 높은 대를 모든 길 머리에 쌓고 네 아름다움을 가증하게 하여 모든 지나가는 자에게 다리를 벌려 심히 행음하고 [26] 하체가 큰 네 이웃나라 **애굽 사람과도 행음**하되 심히 음란히 하여 내 노를 격동하였도다 [27] 그러므로 내가 내 손을 네 위에 펴서 네 일용 양식을 감하고 너를 미워하는 **블레셋 여자** 곧 네 더러운 행실을 부끄러워하는 자에게 너를 붙여 임의로 하게 하였거늘 [28] 네가 음욕이 차지 아니하여 또 **앗수르 사람과 행음**하고 그들과 행음하고도 오히려 부족히 여겨 [29] 장사하는 땅 **갈대아에까지 심히 행음**하되 오히려 족한 줄을 알지 못하였느니라 [30] 나 주 여호와가 말하노라 네가 이 모든 일을 행하니 **이는 방자한 음부의 행위라** 네 마음이 어찌 그리 약한지 [31] 네가 누를 모든 길 머리에 건축하며 높은 대를 모든 거리에 쌓고도 값을 싫어하니 창기 같지도 않도다 [32] **그 지아비 대신에 외인과 사통하여 간음하는 아내로다** [33] 사람들은 모든 창기에게 선물을 주거늘 오직 너는 네 모든 정든 자에게 선물을 주며 값을 주어서 사방에서 와서 너와 행음하게 하니 [34] 너의 음란함이 다른 여인과 같지 아니함은 행음하려고 너를 따르는 자가 없음이며 또 네가 값을 받지 아니하고 도리어 줌이라 그런즉 다른 여인과 같지 아니하니라 [35] 그러므로 **너 음부야** 여호와의 말을 들을지어다 [36] 나 주 여호와가 말하노라 네가 네 누추한 것을 쏟으며 네 정든 자와 행음함으로 벗은 몸을 드러내며 또 가증한 우상을 위하여 네 자녀의 피를 그 우상에게 드렸은즉 [37] 내가 저의 즐거워하는 정든 자와 사랑하던 모든 자와 미워하던 모든 자를 모으되 사방에서 모아 너를 대적하게 할 것이요 또 네 벗은 몸을 그 앞에 드러내어 그들로 그것을 다 보게 할 것이며 [38] 내가 또 간음하고 사람의 피를 흘리는 여인을 국문함 같이 너를 국문하여 진노의 피와 투기의 피를 네게 돌리고 [39] 내가 또 너를 그들의 손에 붙이리니 그들이 네 누를 헐며 네 높은 대를 훼파하며 네 의복을 벗기고 네 장식품을 빼앗고 네 몸을 벌거벗겨 버려두며 [40] 무리를 데리고 와서 너를 돌로 치며 칼로 찌르며 [41] 불로 너의 집들을 사르고 여러 여인의 목전에서 너를 벌할지라 내가 너로 곧 음행을 그치게 하리니 내가 다시는 값을 주지 아니하리라 [42] 그리한즉 내가 네게 대한 내 분노가 그치며 내 투기가 네게서 떠나고 마음이 평안하여 다시는 노하지 아니하리라 [43] 네가 어렸을 때를 기억지 아니하고 이 모든 일로 나를 격노케 하였은즉 내가 네 행위대로 네 머리에 보응하리니 네가 이 음란과 네 모든 가증한 일을 다시는 행하지 아니하리라 나 주 여호와의 말이니라』

음녀에 대해서 자세하게 다루고 있는 위의 본문은 음녀라는 말보다는 음부라는 말을 사용한다. 그 이유는 남편된 하나님에 대해서 말하고 있기 때문이다. 요한계시록에 등장하는 신부 역시 예루살렘을 의미하는데, 그 이유는 하나님이 예루살렘을 신부로 삼으셨기 때문이다. 사단은 하나님께서 신부 삼으신 예루살렘을 통해서 하나님을 가장 크게 대적하게 만들었다. 하나님은 예루살렘이 음부가 됨으로 세계 열방의 저주거리가 되게 하리라 선포하셨다.

(렘 26:6) 『내가 이 집을 실로 같이 되게 하고 이 성으로 세계 열방의 저주거리가 되게 하리라 하셨다 하라』

이제 음녀인 예루살렘을 중심으로 한 세력이 어떻게 하나님을 대적했는가를 보자. 초대 기독교가 세워지는 과정에서 가장 심한

핍박을 가한 것은 예루살렘을 중심으로 한 제사장들과 유대교였
다. 성경은 그들에 대해서 말하기를 유대인의 회라고는 하지만 사
단의 회라고 한다.

> **(계 2:9)** 『내가 네 환난과 궁핍을 아노니 실상은 네가 부요한 자니라 자칭
> 유대인이라 하는 자들의 훼방도 아노니 실상은 유대인이 아니요
> 사단의 회라』

유대교라고 칭해지는 사람들에 의한 초대 기독교의 핍박은 사
도 바울의 고백에서와 같이 하나님에 대한 열심이라고 생각했기
때문이었다. 하지만 그들의 회가 하나님이 기뻐하시는 회가 아니
었다는 것과 그들의 열심이 얼마나 많은 사람들을 죽게 했는지를
생각해 볼 필요가 있다. 사도 바울 역시 사울로 있을 때에 자신
의 넘치는 열심으로 많은 사람들을 죽였다.

> **(갈 1:14)** 『내가 내 동족 중 여러 연갑자보다 유대교를 지나치게 믿어 내 조
> 상의 유전에 대하여 더욱 열심이 있었으나』

성경이 이들의 회를 사단의 회라고 칭하는 이유는 그들이 음녀
라고 증거하고 있는 예루살렘을 중심으로 한 세력이기 때문이다.
지금은 시온이즘을 바탕으로 조직되어져 있었지만 그 시작점은

솔로몬 성전이 지어지던 때로 거슬러 올라간다. 솔로몬 성전이 지어질 때, 특히 주목해 보게 되는 사람이 있는데, 그 사람에 대해서는 역대하에 자세하게 언급되어져 있다.

(대하 2:11-14) 『[11] 두로 왕 후람이 솔로몬에게 답장하여 가로되 여호와께서 그 백성을 사랑하시므로 당신을 세워 그 왕을 삼으셨도다 [12] 또 가로되 천지를 지으신 이스라엘 하나님 여호와는 송축을 받으실지로다 다윗 왕에게 지혜로운 아들을 주시고 명철과 총명을 품부하시사 능히 여호와를 위하여 전을 건축하고 자기 권영을 위하여 궁궐을 건축하게 하시도다 [13] 내가 이제 공교하고 총명한 사람을 보내오니 전에 내 부친 후람에게 속하였던 자라 [14] 이 사람은 단의 여자 중 한 여인의 아들이요 그 아비는 두로 사람이라 능히 금, 은, 동, 철과 돌과 나무와 자색 청색 홍색실과 가는 베로 일을 잘하며 또 모든 아로새기는 일에 익숙하고 모든 기묘한 식양에 능한 자니 당신의 공교한 공장과 당신의 부친 내 주 다윗의 공교한 공장과 함께 일하게 하소서』

두로 왕 후람은 말과 행동에 능한 자였다. 하나님의 성전은 원래 하나님께서 특별히 성령으로 기름을 부은 자들을 세우시고 그들을 통해서 지어져야 했지만, 두로 왕 후람은 이방 신전을 짓는데 능한 사람을 추천함으로써 솔로몬이 지은 성전을 교묘하게 이방 신전화했다.

출애굽기에서 성막을 지을 때에 하나님은 사람을 지명하여 부르셨다.

(출 31:1-11) 『[1] 여호와께서 모세에게 일러 가라사대 [2] 내가 유다 지파 훌의 손자요 우리의 아들인 <u>브사렐을 지명하여 부르고</u> [3] <u>**하나님의 신**을 그에게 충만하게 하여</u> 지혜와 총명과 지식과 여러 가지 재주로 [4] 공교한 일을 연구하여 금과 은과 놋으로 만들게 하며 [5] 보석을 깎아 물리며 나무를 새겨서 여러 가지 일을 하게하고 [6] 내가 또 <u>단 지파 아히사막의 아들 오홀리압을 세워</u> 그와 함께 하게 하며 무릇 지혜로운 마음이 있는 자에게 내가 지혜를 주어 그들로 내가 네게 명한 것을 다 만들게 할지니 [7] 곧 회막과 증거궤와 그 위의 속죄소와 회막의 모든 기구와 [8] 상과 그 기구와 정금 등대와 그 모든 기구와 분향단과 [9] 번제단과 그 모든 기구와 물두멍과 그 받침과 [10] 제사직을 행할 때에 입는 공교히 짠 의복 곧 제사장 아론의 성의와 그 아들들의 옷과 [11] 관유와 성소의 향기로운 향이라 무릇 내가 네게 명한 대로 그들이 만들지니라』

성막을 짓는 일에 하나님이 지목하여 부르신 사람들이 있다. 그들은 유다 지파의 브사렐과 단 지파의 오홀리압이었다. 이들은 하나님의 신을 충만케 받음으로써 지혜와 총명과 지식과 여러 가지 재능을 얻게 되었다. 성막을 짓는 일은 하나님의 말씀을 품고, 그 말씀을 드러내는 일이기에 하나님의 신으로부터 오는 지혜와 지식이 필요했다. 세상에는 하나님의 신으로부터 오는 지혜와 세상으로부터 오는 지혜가 있다. 하나님은 하나님의 지혜로 하나님의 말씀의 비밀을 담은 성막을 짓기 원하셨고, 이러한 지혜는 하나님의 신으로 충만함을 입은 사람들을 통해서 나타나게 하셨다.

하지만 솔로몬 성전은 하나님의 신에 충만케 된 자를 찾지 않고, 두로 왕 후람이 추천한 사람을 최고 책임자로 세우는 실수를 범했다. 솔로몬 왕은 두로 왕 후람이 보낸 사람에게 전권을 주어서 성전을 짓게 함으로 출애굽기에서처럼 하나님이 세우신 사람이 성전을 짓도록 하지 않았다. 솔로몬 성전은 하나님의 지혜를 따라 지어진 성전이라기보다는 사람의 지혜를 따라 지어진 성전이었다.

솔로몬 성전이 지어지고 난 후에 이스라엘은 유다와 이스라엘로 분리되었다. 이것은 솔로몬 한 개인의 문제가 하나님의 성전이 하나님의 방법으로 지어진 것과 사람의 방법으로 지어진 것의 차이라고 볼 수 있다. 하나님이 학개 선지자를 통해서 하나님의 방법으로 지어진 스룹바벨 성전의 영광을 솔로몬 성전의 영광보

다 더 크다고 선포한 데는 나름의 이유가 있음을 생각할 필요가
있다.

(학 2:9) 『이 전의 나중 영광이 이전 영광보다 크리라 만군의 여호와의 말이
니라 내가 이곳에 평강을 주리라 만군의 여호와의 말이니라』

두로 왕 후람이 보낸 사람은 후람 아비프라는 사람인데, 그가
솔로몬 성전의 낭실 앞에 세워놓은 두 기둥은 두로에 있는 신전
과 동일한 것이었다. 두 기둥이 의미하는 바는 바알과 아세라에
서도 볼 수 있는 신들에 대한 일반적인 이방 신앙인 남자와 여자
를 의미하는 것이었다. 비록 그 두 기둥의 이름은 야긴(저가 세우
리라)과 보아스(그에게 능력이 있다)라고 칭하여서 하나님의 영광
을 드러내는 것 같으나, 원래 그 기둥들은 남자 신과 여자 신을
칭하는 것이었다.

이스라엘 백성들이 하나님의 진노로 인해서 바벨론에게 멸망을
당했던 이유를 생각해 보라. 그것은 여호와 하나님의 자리를 바
알과 동일시했으며, 여호와 하나님의 자리 옆에 아세라를 두었기
때문일 것이다. 이스라엘 백성들은 후람 아비프가 목적했던 대로
여호와 하나님과 아세라를 함께 섬겼다.

예루살렘의 타락은 솔로몬 성전이 지어지면서 이미 시작된 것
이었다. 이제 성경이 경고한 두로 왕에 대해서 읽어보자.

두로 왕

(겔 28:1-19) 『[1] 여호와의 말씀이 또 내게 임하여 가라사대 [2] 인자야 너는 두로 왕에게 이르기를 주 여호와의 말씀에 네 마음이 교만하여 말하기를 나는 신이라 내가 하나님의 자리 곧 바다 중심에 앉았다 하도다 네 마음이 하나님의 마음 같은 체 할지라도 너는 사람이요 신이 아니어늘 [3] 네가 다니엘보다 지혜로워서 은밀한 것을 깨닫지 못할 것이 없다 하고 [4] 네 지혜와 총명으로 재물을 얻었으며 금, 은을 곳간에 저축하였으며 [5] 네 큰 지혜와 장사함으로 재물을 더하고 그 재물로 인하여 네 마음이 교만하였도다 [6] 그러므로 나 주 여호와가 말하노라 네 마음이 하나님의 마음 같은 체 하였으니 [7] 그런즉 내가 외인 곧 열국의 강포한 자를 거느리고 와서 너를 치리니 그들이 칼을 빼어 네 지혜의 아름다운 것을 치며 네 영화를 더럽히며 [8] 또 너를 구덩이에 빠뜨려서 너로 바다 가운데서 살륙을 당한 자의 죽음 같이 바다 중심에서 죽게 할지라 [9] 너를 살륙하는 자 앞에서 네가 그래도 말하기를 내가 하나님이라 하겠느냐 너를 치는 자의 수중에서 사람뿐이요 신이 아니라 [10] 네가 외인의 손에서 죽기를 할례 받지 않은 자의 죽음 같이 하리니 내가 말하였음이니라 나 주 여호와의 말이니라 하셨다 하라

[11]여호와의 말씀이 또 내게 임하여 가라사대 [12] 인자야 두로 왕을 위하여 애가를 지어 그에게 이르기를 주 여호와의 말씀에 너는 완전한 인이었고 지혜가 충족하며 온전히 아름다왔도다 [13] 네가 옛적에 하나님의 동산 에덴에 있어서 각종 보석 곧 홍보석과 황보석과 금강석과 황옥과 홍마노와 창옥과 청보석과 남보석과 홍옥과 황금으로 단장하였었음이여 네가 지음을 받던 날에 너를 위하여 소고와 비파가 예비되었었도다 [14] 너는 기름부음을 받은 덮는 그룹임이여 내가 너를 세우매 네가 하나님의 성산에 있어서 화광석 사이에 왕래하였었도다 [15] 네가 지음을 받던 날로부터 네 모든 길에 완전하더니 마침내 불의가 드러났도다 [16] 네 무역이 풍성하므로 네 가운데 강포가 가득하여 네가 범죄하였도다 너 덮는 그룹아 그러므로 내가 너를 더럽게 여겨 하나님의 산에서 쫓아내었고 화광석 사이에서 멸하였도다 [17] 네가 아름다우므로 마음이 교만하였으며 네가 영화로우므로 네 지혜를 더럽혔음이여 내가 너를 땅에 던져 열왕 앞에 두어 그들의 구경거리가 되게 하였도다 [18] 네가 죄악이 많고 무역이 불의하므로 네 모든 성소를 더럽혔음이여 내가 네 가운데서 불을 내어 너를 사르게 하고 너를 목도하는 모든 자 앞에서 너로 땅 위에 재가 되게 하였도다 [19] 만민 중에 너를 아는 자가 너로 인하여 다 놀랄 것임이여 네가 경계거리가 되고 네

에스겔 선지자를 통해서 드러난 두로 왕은 두 명의 존재이다. 한 명은 적그리스도를 상징하는 사람인 두로 왕이다. 또 다른 한 명은 11절부터 다루어지는 하나님의 그룹 가운데 한 명이었던 루시퍼를 의미한다. 원래 하나님의 그룹은 다섯이었고, 루시퍼는 뱀의 형상을 가진 그룹이었다. 나머지 그룹에 대해서는 다음 본문에 자세하게 언급되어 있다.

(계 4:7) 『그 첫째 생물은 사자 같고 그 둘째 생물은 송아지 같고 그 셋째 생물은 얼굴이 사람 같고 그 넷째 생물은 날아가는 독수리 같은데』

첫째는 사자 같고, 둘째는 송아지 같고, 셋째는 사람 같고, 넷째는 독수리 같고, 마지막 사단을 칭하는 다섯째는 뱀 같다. 뱀의 형상을 가진 루시퍼가 하나님을 자신의 지혜로 대적하면서 일어났다. 그가 터전을 잡은 곳이 있었다면 그 곳은 두로였다.

하나님은 이스라엘 자손들에게 하나님의 약속의 땅을 말씀하셨는데, 그 가운데 두로 지역도 포함되어 있었다. 하지만 하나님의 뜻을 가장 가깝게 성취했던 다윗 왕도 두로 왕의 모략에 넘어가서 하나님의 약속의 땅을 완전히 회복하지 못했다.

(창 15:18) 그 날에 여호와께서 아브람으로 더불어 언약을 세워 가라사대 내가 이 땅을 애굽강에서부터 그 큰 강 유브라데까지 네 자손에게 주노니』

두로 왕은 아브라함을 통해 이스라엘 자손들에게 약속하신 땅에 자신의 나라도 포함되어 있었다는 것을 누구보다 잘 알고 있었을 것이다. 그래서 두로 왕은 다윗과 누구보다 가깝게 친분을 맺었고, 그 다음 왕은 그 친분을 이용해서 솔로몬 성전 준공에 누구보다 많은 인력과 재원을 보내면서 영적인 부분에서 하나님의 지혜가 아닌 사단의 지혜를 심었다. 사단은 교묘하게 자신의 지혜를 하나님의 성전에 새겼다.

영적인 전쟁에 있어서 애매하게 사단의 지혜를 용납하게 되면 그것이 결국은 전체 하나님의 나라를 파괴한다는 것을 생각해야 한다. 하나님의 자녀들은 큰 죄가 아닌 작은 죄를 용납함으로 무너진다.

(고후 11:4) 『만일 누가 가서 우리의 전파하지 아니한 다른 예수를 전파하거나 혹 너희의 받지 아니한 다른 영을 받게 하거나 혹 너희의 받지 아니한 다른 복음을 받게 할 때에는 <u>너희가 잘 용납하는구나</u>』

사도 바울은 하나님의 교회가 다른 복음에 지나치게 개방적인 것을 보면서 당황해 했으며, 결국 이러한 다른 복음을 통해서 교회가 무너진다는 것을 생각했을 것이다.

사단은 에스겔서 28장 17절에 언급되어져 있듯이 결국은 공중의 권세를 잃고, 땅으로 내어던져질 날이 있다. 그 날은 예수님과 그의 군대가 세상을 심판하기 위해서 임하시는 날이며, 그 날에 하늘에서의 전쟁 후에 사단은 모든 권세를 잃고 땅으로 내어던져진다.

(계 12:7-12) 『[7] 하늘에 전쟁이 있으니 미가엘과 그의 사자들이 용으로 더불어 싸울새 용과 그의 사자들도 싸우나 [8] 이기지 못하여 다시 하늘에서 저희의 있을 곳을 얻지 못한지라 [9] 큰 용이 내어 쫓기니 옛 뱀 곧 마귀라고도 하고 사단이라고도 하는 온 천하를 꾀는 자라 땅으로 내어 쫓기니 그의 사자들도 저와 함께 내어 쫓기니라 [10] 내가 또 들으니 하늘에 큰 음성이 있어 가로되 이제 우리 하나님의 구원과 능력과 나라와 또 그의 그리스도의 권세가 이루었으니 우리 형제들을 참소하던 자 곧 우리 하나님 앞에서 밤낮 참소하던 자가 쫓겨났고 [11] 또 여러 형제가 어린양의 피와 자기의 증거하는 말을 인하여 저를 이기었으니 그들은 죽기까지 자기 생명을 아끼지 아니하였도다 [12] 그러므로 하늘과 그 가운데 거하는 자들은 즐

거워하라 그러나 땅과 바다는 화 있을진저 이는 마귀가 자기의 때가 얼마 못 된 줄을 알므로 크게 분내어 너희에게 내려 갔음이라 하더라』

사단이 세운 두로 왕은 일곱 명의 적그리스도들 가운데 한 명이었을 것이다. 마지막 적그리스도는 일곱째 적그리스도이지만 그가 다시 살아나서 여덟째 적그리스도가 되고, 재림하시는 예수님과 최후의 전쟁을 벌이게 되고 산채로 지옥 불에 던져지게 된다.

(계 19:20) 『짐승이 잡히고 그 앞에서 이적을 행하던 거짓 선지자도 함께 잡혔으니 이는 짐승의 표를 받고 그의 우상에게 경배하던 자들을 이적으로 미혹하던 자라 이 둘이 산 채로 유황불 붙는 못에 던지우고』

에스겔서에 나타난 두 명의 두로 왕은 적그리스도와 사단을 의미한다는 것을 이해한다면 세상 가운데 사단의 역사가 어떻게 사람의 역사와 같이 갈 수 있는가를 이해할 수 있을 것이다.

(요일 2:18) 『아이들아 이것이 마지막 때라 적그리스도가 이르겠다 함을 너희가 들은 것과 같이 지금도 많은 적그리스도가 일어났으니 이

러므로 우리가 마지막 때인 줄 아노라』

(요일 2:22) 『거짓말하는 자가 누구뇨 예수께서 그리스도이심을 부인하는 자가 아니뇨 아버지와 아들을 부인하는 그가 적그리스도니』

(요일 4:3) 『예수를 시인하지 아니하는 영마다 하나님께 속한 것이 아니니 이것이 곧 적그리스도의 영이니라 오리라 한 말을 너희가 들었거니와 이제 벌써 세상에 있느니라』

(요이 1:7) 『미혹하는 자가 많이 세상에 나왔나니 이는 예수 그리스도께서 육체로 임하심을 부인하는 자라 이것이 미혹하는 자요 적그리스도니』

사도들이 복음을 전파하던 그 때에도 적그리스도는 존재하고 있었다. 적그리스도에 대한 이해를 가진다면 마지막 적그리스도가 나타나는 때의 경고를 이해할 수 있을 것이다.

제7장 70이레의 비밀

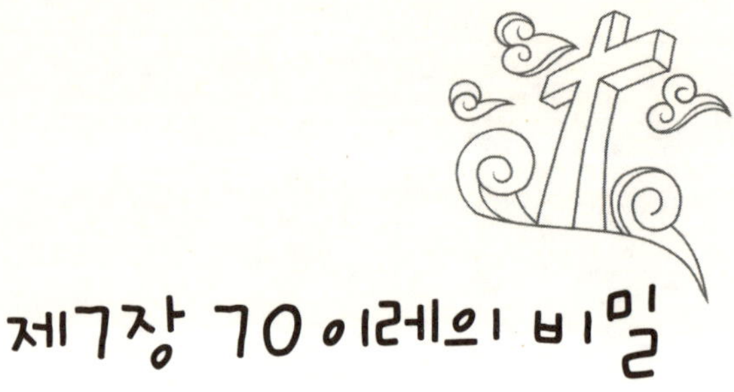

70이레

(단 9:20-27) 『[20] 내가 이같이 말하여 기도하며 내 죄와 및 내 백성 이스라엘의 죄를 자복하고 내 하나님의 거룩한 산을 위하여 내 하나님 여호와 앞에 간구할 때 [21] 곧 내가 말하여 기도할 때에 이전 이상 중에 본 그 사람 가브리엘이 빨리 날아서 저녁 제사를 드릴 때 즈음에 내게 이르더니 [22] 내게 가르치며 내게 말하여 가로되 다니엘아 내가 이제 네게 지혜와 총명을 주려고 나왔나니 [23] 곧 네가 기도를 시작할 즈음에 명령이 내렸으므로 이제 네게 고하러 왔느니라 너는 크게 은총을 입은 자라 그런즉 너는 이 일을 생각하고 그 이상을 깨

달을지니라 [24] 네 백성과 네 거룩한 성을 위하여 **칠십 이레로 기한을 정하였나니** 허물이 마치며 죄가 끝나며 죄악이 영속되며 영원한 의가 드러나며 이상과 예언이 응하며 또 지극히 거룩한 자가 기름부음을 받으리라 [25] 그러므로 너는 깨달아 알지니라 **예루살렘을 중건하라는 영이 날 때부터 기름부음을 받은 자 곧 왕이 일어나기까지 일곱 이레와 육십이 이레가 지날 것이요** 그 때 곤란한 동안에 성이 중건되어 거리와 해자가 이룰 것이며 [26] 육십이 이레 후에 기름부음을 받은 자가 끊어져 없어질 것이며 장차 한 왕의 백성이 와서 그 성읍과 성소를 훼파하려니와 그의 종말은 홍수에 엄몰됨 같을 것이며 또 끝까지 전쟁이 있으리니 황폐할 것이 작정되었느니라 [27] 그가 장차 많은 사람으로 더불어 한 이레 동안의 언약을 굳게 정하겠고 그가 그 이레의 절반에 제사와 예물을 금지할 것이며 또 잔포하여 미운 물건이 날개를 의지하여 설 것이며 또 이미 정한 종말까지 진노가 황폐케 하는 자에게 쏟아지리라 하였느니라』

70이레는 세 부분으로 나뉜다. 일곱 이레와 육십이 이레 그리고 한 이레이다. 그 시작은 예레미야가 예언한 칠십년이 마치는 날을 기준으로 한다. 스가랴서는 그 날이 언제인가를 정확하게 다루고 있다.

(슥 1:7-17) 『[7] 다리오 왕 이년 십일월 곧 스밧월 이십사일에 잇도의 손자 베레갸의 아들 선지자 스가랴에게 여호와의 말씀이 임하여 이르시니라 [8] 내가 밤에 보니 사람이 홍마를 타고 골짜기 속 화석류나무 사이에 섰고 그 뒤에는 홍마와 자마와 백마가 있기로 [9] 내가 가로되 내 주여 이들이 무엇이니이까 내게 말하는 천사가 내게 이르되 이들이 무엇인지 내가 네게 보이리라 하매 [10] 화석류나무 사이에 선 자가 대답하여 가로되 이는 여호와께서 땅에 두루 다니라고 보내신 자들이니라 [11] 그들이 화석류나무 사이에 선 여호와의 사자에게 고하되 우리가 땅에 두루 다녀보니 온 땅이 평안하여 정온하더이다 [12] 여호와의 사자가 응하여 가로되 만군의 여호와여 여호와께서 언제까지 예루살렘과 유다 성읍들을 긍휼히 여기지 아니하시려나이까 이를 노하신지 칠십 년이 되었나이다 하매 [13] 여호와께서 내게 말하는 천사에게 선한 말씀, 위로하는 말씀으로 대답하시더라 [14] 내게 말하는 천사가 내게 이르되 너는 외쳐 이르기를 만군의 여호와의 말씀에 내가 예루살렘을 위하며 시온을 위하여 크게 질투하며 [15] 안일한 열국을 심히 진노하나니 나는 조금만 노하였거늘 그들은 힘을 내어 고난을 더하였음이라 [16] 그러므로 여호와가 이처럼 말하노라 내가 긍휼히 여기므로 예루살렘에 돌아왔은즉 내 집이 그 가운데 건축되리니 예루살렘 위에 먹줄이 치어지리라 나 만군의 여호와의 말

이니라 하셨다 하라 [17] 다시 외쳐 이르기를 만군의 여호와
의 말씀에 나의 성읍들이 넘치도록 다시 풍부할 것이라 여호
와가 다시 시온을 안위하여 다시 예루살렘을 택하리라 하셨다
하라』

다리오 왕 이년 11월에 이르러서 70년이 마치게 되었고, 예루
살렘이 다시 준공되면서 70이레가 시작되게 되었다. 예루살렘의
준공에 대해서는 스가랴서 2장에 좀 더 자세하게 언급되어 있다.

스가랴 선지자는 페르시아의 다리오 1세(히스타스페스) 때에 부
름을 받았으며, 학개 선지자와 더불어 성전 재건에 힘썼었다.

위의 내용을 자세히 보면 70년 만에 포로 생활이 끝이 난다는
예언의 내용이 다소 시간적인 차이가 있음을 보게 된다. BC 605
년 다니엘과 그의 친구들이 바벨론으로 잡혀 가면서 포로 생활의
시작되고, 이로부터 70년을 더하면 BC 536년에 포로 생활이 끝
나게 된다.

하지만 스가랴서의 예언은 70년의 포로 생활이 페르시아의 다
리오 1세의 2년(BC 520년)이 되어서야 끝이 난다는 것을 말해주
고 있다. 이것은 16년이라는 시간이 추가된 것이다. 여기에서 두
가지를 주목하게 된다. 한 가지는 성경이 말하고 있는 시간대란
정확한 날짜를 의미하기보다는 근처의 시간대를 말하고 있다는
것이고, 다른 한 가지는 포로의 시작점을 다니엘과 그 친구들이

잡혀간 1차 포로를 기준으로 하지 않고, BC 605년 애굽과 바벨론 사이의 갈그미스 전투 후에 일어난 것으로 에스겔을 포함한 2차 포로(BC 597년)를 기준으로 할 수 있다는 것이다. 이것은 에스겔서를 읽어 보면 좀 더 참고가 된다. 에스겔은 자신의 사역을 기록하면서 포로로 잡혀온 날을 기준으로 날짜를 계산하기 때문이다.

일곱 이레 - 부림절

10이레의 시작은 스가랴 선지자를 통해서 70년의 포로 생활이 끝이 나고 예루살렘이 중건되기 시작하면서부터이다. 역사의 시간표로 보면 BC 520년이다. 이로부터 49년이 지난 후에 어떤 일이 있었을까? BC 471년에 어떤 일이 있었을까? 여러분들은 부림절을 기억할 것이다. 부림절은 BC 473년에 있었던 사건을 기념한 날이다. 이 날은 구원의 날이기도 하다.

아하수에로(크세르크세스) 왕 때에 에스더라는 유다 여인이 왕후가 되는 사건이 있었다. 그녀가 왕후가 된 것은 아하수에로 왕 3년 때에 베푼 잔치 자리에 왕후 와스디가 왕의 청함을 거절한 사건을 계기로 폐위하게 되면서 다시 왕후를 뽑는 사건을 통해서이다. 왕비 와스디는 483년에 폐위되고, 에스더 왕후는 478년에 즉위하게 된다.

왕후 와스디의 폐위 사건은 에스더서 1장 2절-22절에 자세하게 언급되어 있다.

(에 1:2-22) 『[2] 당시에 아하수에로 왕이 수산 궁에서 즉위하고 [3] 위에 있은지 삼년에 그 모든 방백과 신복을 위하여 잔치를 베푸니 바사와 메대의 장수와 각 도의 귀족과 방백들이 다 왕 앞에 있는지라 [4] 왕이 여러 날 곧 일백팔십 일 동안에 그 영화로운 나라의 부함과 위엄의 혁혁함을 나타내니라 [5] 이 날이 다하매 왕이 또 도성 수산 대소 인민을 위하여 왕궁 후원 뜰에서 칠 일 동안 잔치를 베풀새 [6] 백색, 녹색, 청색 휘장을 자색 가는 베줄로 대리석 기둥 은고리에 매고 금과 은으로 만든 걸상을 화반석, 백석, 운모석, 흑석을 깐 땅에 진설하고 [7] 금 잔으로 마시게 하니 잔의 식양이 각기 다르고 왕의 풍부한 대로 어주가 한이 없으며 [8] 마시는 것도 규모가 있어 사람으로 억지로 하지 않게 하니 이는 왕이 모든 궁내 관리에게 명하여 각 사람으로 마음대로 하게 함이더라 [9] 왕후 와스디도 아하수에로 왕궁에서 부녀들을 위하여 잔치를 베푸니라 [10] 제칠 일에 왕이 주흥이 일어나서 어전 내시 므후만과 비스다와 하르보나와 빅다와 아박다와 세달과 가르가스 일곱 사람을 명하여 [11] 왕후 와스디를 청하여 왕후의 면류관을 정제하고 왕의

앞으로 나아오게 하여 그 아리따움을 뭇 백성과 방백들에게
보이게 하라 하니 이는 왕후의 용모가 보기에 좋음이라 [12]
그러나 왕후 와스디가 내시의 전하는 왕명을 좇아오기를 싫어
하니 왕이 진노하여 중심이 불붙는 듯하더라 [13] 왕이 사례
를 아는 박사들에게 묻되 (왕이 규례와 법률을 아는 자에게 묻
는 전례가 있는데 [14] 때에 왕에게 가까이 하여 왕의 기색을
살피며 나라 첫 자리에 앉은 자는 바사와 메대의 일곱 방백 곧
가르스나와 세달과 아드마다와 다시스와 메레스와 마르스나
와 므무간이라) [15] 왕후 와스디가 내시의 전하는 아하수에
로 왕명을 좇지 아니하니 규례대로 하면 어떻게 처치할고 [16]
므무간이 왕과 방백 앞에서 대답하여 가로되 왕후 와스디가
왕에게만 잘못할 뿐 아니라 아하수에로 왕의 각 도 방백과 뭇
백성에게도 잘못하였나이다 [17] 아하수에로 왕이 명하여 왕
후 와스디를 청하여도 오지 아니하였다 하는 왕후의 행위의
소문이 모든 부녀에게 전파되면 저희도 그 남편을 멸시할 것
인즉 [18] 오늘이라도 바사와 메대의 귀부인들이 왕후의 행위
를 듣고 왕의 모든 방백에게 그렇게 말하리니 멸시와 분노가
많이 일어나리이다 [19] 왕이 만일 선히 여기실진대 와스디로
다시는 왕 앞에 오지 못하게 하는 조서를 내리되 바사와 메대
의 법률 중에 기록하여 변역함이 없게 하고 그 왕후의 위를 저
보다 나은 사람에게 주소서 [20] 왕의 조서가 이 광대한 전국

에 반포되면 귀천을 무론하고 모든 부녀가 그 남편을 존경하리이다 [21] 왕과 방백들이 그 말을 선히 여긴지라 왕이 므무간의 말대로 행하여 [22] 각 도 각 백성의 문자와 방언대로 모든 도에 조서를 내려 이르기를 남편으로 그 집을 주관하게 하고 자기 민족의 방언대로 말하게 하라 하였더라』

왕후 와스디의 폐위와 왕후 에스더의 즉위는 앞으로 있을 환난과 구원 사건을 위한 하나님의 예비하심이다. 에스더의 즉위식은 에스더서 2장 12절–18절에 잘 언급되어 있다.

(에 2:12-18) 『[12] 처녀마다 차례대로 아하수에로 왕에게 나아가기 전에 여자에 대하여 정한 규례대로 열두 달 동안을 행하되 여섯 달은 몰약 기름을 쓰고 여섯 달은 향품과 여자에게 쓰는 다른 물품을 써서 몸을 정결케 하는 기한을 마치며 [13] 처녀가 왕에게 나아갈 때에는 그 구하는 것을 다 주어 후궁에서 왕궁으로 가지고 가게 하고 [14] 저녁이면 갔다가 아침에는 둘째 후궁으로 돌아와서 비빈을 주관하는 내시 사아스가스의 수하에 속하고 왕이 저를 기뻐하여 그 이름을 부르지 아니하면 다시 왕에게 나아가지 못하더라 [15] 모르드개의 삼촌 아비하일의 딸 곧 모르드개가 자기의 딸 같이 양육하는 에스더가 차례대로 왕에게 나아갈 때에 궁녀를 주관하는 내

시 혜개의 정한 것 외에는 다른 것을 구하지 아니하였으나 모든 보는 자에게 꼼을 얻더라 [16] 아하수에로 왕의 칠년 시월 곧 데벳월에 에스더가 이끌려 왕궁에 들어가서 왕의 앞에 나아가니 [17] 왕이 모든 여자보다 에스더를 더욱 사랑하므로 저가 모든 처녀보다 왕의 앞에 더욱 은총을 얻은지라 왕이 그 머리에 면류관을 씌우고 와스디를 대신하여 왕후를 삼은 후에 [18] 왕이 크게 잔치를 베푸니 이는 에스더를 위한 잔치라 모든 방백과 신복을 향응하고 또 각 도의 세금을 면제하고 왕의 풍부함을 따라 크게 상 주니라』

에스더는 아하수에로 왕 7년 10월에 왕후가 된다. 아하수에로 왕은 다른 많은 여자들 가운데서 에스더의 머리에 면류관을 씌워줌으로 그녀를 왕후로 선택하게 된다. 왕후가 된 후에 에스더는 왕후의 거처로 자리를 옮겨 거처하게 된다.

부림절이 생겨나게 된 발단을 제공한 사람은 하만이라는 사람으로 에스더서 3장부터 등장하게 된다. 이 사람은 왕의 특별한 신임을 얻고 왕의 조언자로 왕 앞에 항상 서 있는 자였다. 그는 모르드개를 비롯한 유다인들을 진멸하기로 마음을 먹고 날짜를 잡게 되는데, 그 날이 아하수에로 왕 십이년 십이월 13일이었다. 그 날에 대한 내용은 다음과 같다.

(에 3:1-15) 『[1] 그 후에 아하수에로 왕이 아각 사람 함므다다의 아들 하
만의 지위를 높이 올려 모든 함께 있는 대신 위에 두니 [2] 대
궐 문에 있는 왕의 모든 신복이 다 왕의 명대로 하만에게 꿇어
절하되 모르드개는 꿇지도 아니하고 절하지도 아니하니 [3]
대궐 문에 있는 왕의 신복이 모르드개에게 이르되 너는 어찌
하여 왕의 명령을 거역하느냐 하고 [4] 날마다 권하되 모르드
개가 듣지 아니하고 자기는 유다인임을 고하였더니 저희가 모
르드개의 일이 어찌되나 보고자 하여 하만에게 고하였더라
[5] 하만이 모르드개가 꿇지도 아니하고 절하지도 아니함을
보고 심히 노하더니 [6] 저희가 모르드개의 민족을 하만에게
고한고로 하만이 모르드개만 죽이는 것이 경하다 하고 아하수
에로의 온 나라에 있는 유다인 곧 모르드개의 민족을 다 멸하
고자 하더라 [7] 아하수에로 왕 십이년 정월 곧 니산월에 무리
가 하만 앞에서 날과 달에 대하여 부르 곧 제비를 뽑아 십이월
곧 아달월을 얻은지라 [8] 하만이 아하수에로 왕에게 아뢰되
한 민족이 왕의 나라 각 도 백성 중에 흩어져 거하는데 그 법률
이 만민보다 달라서 왕의 법률을 지키지 아니하오니 용납하는
것이 왕에게 무익하나이다 [9] 왕이 옳게 여기시거든 조서를
내려 저희를 진멸하소서 내가 은 일만 달란트를 왕의 일을 맡
은 자의 손에 붙여 왕의 부고에 드리리이다 [10] 왕이 반지를
손에서 빼어 유다인의 대적 곧 아각 사람 함므다다의 아들 하

만에게 주며 [11] 이르되 그 은을 네게 주고 그 백성도 그리하노니 너는 소견에 좋을 대로 행하라 하더라 [12] 정월 십삼일에 왕의 서기관이 소집되어 하만의 명을 따라 왕의 대신과 각 도 방백과 각 민족의 관원에게 아하수에로 왕의 이름으로 조서를 쓰되 곧 각 도의 문자와 각 민족의 방언대로 쓰고 왕의 반지로 인치니라 [13] 이에 그 조서를 역졸에게 부쳐 왕의 각 도에 보내니 십이월 곧 아달월 십삼일 하루 동안에 모든 유다인을 노소나 어린 아이나 부녀를 무론하고 죽이고 도륙하고 진멸하고 또 그 재산을 탈취하라 하였고 [14] 이 명령을 각 도에 전하기 위하여 조서의 초본을 모든 민족에게 선포하여 그 날을 위하여 준비하게 하라 하였더라 [15] 역졸이 왕의 명을 받들어 급히 나가매 그 조서가 도성 수산에도 반포되니 왕은 하만과 함께 앉아 마시되 수산 성은 어지럽더라』

불화의 발단은 하만과 모르드개 사이에 있었지만 하만은 모르드개가 속한 족속의 모든 사람들을 죽이기로 계획한다. 하만은 유다 족속을 죽이는 대가로 왕에게 은 일만 달란트를 주기로 하고, 왕은 이에 승인을 해 준다. 유다 족속의 값이 은 일만 달란트로 정해진 것과 예수님의 몸값이 은 삼십 세겔이었던 것과 유사하게 연결되어진다.

(마 26:15) 『내가 예수를 너희에게 넘겨주리니 얼마나 주려느냐 하니 그들
이 은 삼십을 달아 주거늘』

유다 족속들은 은 일만 달란트에 팔린 몸이 되었고, 그들의 생
명 값을 소유한 자는 하만이었다. 유다 족속들이 자신들과 상관
없이 자신들의 생명 값이 정해져서 거래된 것처럼 사람들의 인생
도 자신의 뜻과 상관없이 사망의 종이 되지 않았는가?

모르드개를 통해서 유대인에게 정해진 환난의 날이 왕후 에스
더에게 전해지면서 상황은 역전되기 시작한다. 왕후 에스더가 유
다인들에게 금식을 선포하고, 자신도 삼일을 금식한 후에 왕에게
로 나아가게 된다.

(더 4:16) 『당신은 가서 수산에 있는 유다인을 다 모으고 나를 위하여 금식
하되 밤낮 삼 일을 먹지도 말고 마시지도 마소서 나도 나의 시녀
로 더불어 이렇게 금식한 후에 규례를 어기고 왕에게 나아가리니
죽으면 죽으리이다』

왕후 에스더가 삼일을 금식 한 후에 왕의 앞에 나아갔을 때, 왕
은 그녀를 받아주었을 뿐만 아니라 에스더의 요구대로 에스더가
배설한 잔치에 참여하게 된다.

잔치 둘째 날에 에스더가 하만을 아하수에로 왕에게 고소하

게 되고, 하만은 자신의 집에 준비된 나무에 달려 죽임을 당하
게 된다.

　모든 문제는 하만의 죽음으로 끝이 난 것이 아니다. 왕의 명으
로 내려진 조서는 취소될 수 없었다. 하지만 다른 조소를 꾸며서
처음 내려진 조서에 대비할 수는 있었다.

(에 8:8-13) 『[8] 너희는 왕의 명의로 유다인에게 조서를 뜻대로 쓰고 왕
의 반지로 인을 칠지어다 왕의 이름을 쓰고 왕의 반지로 인친
조서는 누구든지 취소할 수 없음이니라 [9] 그 때 시완월 곧
삼월 이십삼일에 왕의 서기관이 소집되고 무릇 모르드개의 시
키는 대로 조서를 써서 인도로부터 구스까지의 일백이십칠 도
유다인과 대신과 방백과 관원에게 전할새 각 도의 문자와 각
민족의 방언과 유다인의 문자와 방언대로 쓰되 [10] 아하수에
로 왕의 명의로 쓰고 왕의 반지로 인을 치고 그 조서를 역졸들
에게 부쳐 전하게 하니 저희는 왕궁에서 길러서 왕의 일에 쓰
는 준마를 타는 자들이라 [11] 조서에는 왕이 여러 고을에 있
는 유다인에게 허락하여 저희로 함께 모여 스스로 생명을 보
호하여 각 도의 백성 중 세력을 가지고 저희를 치려하는 자와
그 처자를 죽이고 도륙하고 진멸하고 그 재산을 탈취하게 하
되 [12] 아하수에로 왕의 각 도에서 아달월 곧 십이월 십삼일
하루 동안에 하게 하였고 [13] 이 조서 초본을 각 도에 전하고

각 민족에게 반포하고 유다인으로 예비하였다가 그 날에 대적
에게 원수를 갚게 한지라』

처음 조서에는 유다인을 진멸하도록 정해진 날짜를 주었다면,
다음 조서에는 유다인이 자신들을 해하고자 하는 원수들을 같은
날짜에 진멸할 수 있는 권한을 주었다.

유다인은 함께 모여서 자신들의 생명을 보존할 수 있었을 뿐만
아니라 자신들을 죽이고자 하는 자들을 진멸할 수 있는 권한까지
부여받게 되었다. 이 날은 환난의 날이면서 동시에 구원의 날이
되었다.

부림절은 하나님의 백성들이 자신들을 해하고자 하는 자들에게
원수 갚는 날이 된 것이다.

부림절의 또 다른 의미는 하나님의 자녀들이 자녀의 권세를
가지고 연합함으로 이 세상의 권세에 대적하라는 메시지를 담고
있다.

(마 18:19) 『진실로 다시 너희에게 이르노니 너희 중에 두 사람이 땅에서
합심하여 무엇이든지 구하면 하늘에 계신 내 아버지께서 저희
를 위하여 이루게 하시리라』

부림절이 페르시아라는 이방 땅에서 타향살이를 하는 하나님의

자녀들이 자신들을 죽이고자 했던 원수들에게서 구원받은 날이었다면 62이레 후의 사건은 사망의 권세에서 사람들을 구원하신 날이다.

육십이 이레 - 십자가 사건

부림절이 BC 473년이었고, 그로부터 434년 후에는 어떤 일이 있었을까? 성경은 BC 39년에 일어나야 할 사건이 AD 36년 정도에 일어났음을 전하고 있다.

(단 9:20-26) 『[25] 그러므로 너는 깨달아 알지니라 예루살렘을 중건하라는 영이 날 때부터 기름부음을 받은 자 곧 왕이 일어나기까지 일곱 이레와 육십이 이레가 지날 것이요 그 때 곤란한 동안에 성이 중건되어 거리와 해자가 이룰 것이며 [26] 육십이 이레 후에 기름부음을 받은 자가 끊어져 없어질 것이며 장차 한 왕의 백성이 와서 그 성읍과 성소를 훼파하려니와 그의 종말은 홍수에 엄몰됨 같을 것이며 또 끝까지 전쟁이 있으리니 황폐할 것이 작정되었느니라』

10이레가 부림절이라는 구원에 맞추어져 있었다면, 62이레는 죄의 권세로부터 사람들을 구원하신 십자가 사건을 생각하게 한다. 연도의 차이는 70년 가까이 차이가 있으나 26절의 후반절에 언급된 예루살렘의 멸망(AD 70)을 생각하면 모든 것이 잘 연결된다. 이스라엘 자손들을 향한 구원의 메시지가 70이레로 작정되어져 있으며, 이들의 분류가 구원에 맞추어져 있음을 기억할 필요가 있다.

70이레의 시작에 대한 선포는 70년의 바벨론에서의 종살이를 마치게 되는 구원 사건이었고, 70이레 역시 그 분류가 구원에 맞추어져 있음을 기억할 필요가 있다.

십자가 사건

나사렛 예수라는 분이 성령으로 마리아라는 처녀를 통해서 이 땅에 태어나셨다. 그는 하나님의 어린양으로 준비된 분이셨으며, 하나님의 어린양이 되어서 십자가에 달려 돌아가셨다. 그가 많은 사람을 대신하여서 죽으심으로 죄의 권세에서 자유를 얻은 사람들이 생겼다.

(고후 5:14) 『그리스도의 사랑이 우리를 강권하시는도다 우리가 생각건대 한 사람이 모든 사람을 대신하여 죽었은즉 모든 사람이 죽은 것

이라』

　십자가 사건은 이 땅에서 사망의 권세 잡은 자인 마귀로부터 사람들을 구원하신 사건이다.

(히 2:14-16) 『[14] 자녀들은 혈육에 함께 속하였으매 그도 또한 한 모양으로 혈육에 함께 속하심은 사망으로 말미암아 사망의 세력을 잡은 자 곧 마귀를 없이 하시며 [15] 또 죽기를 무서워하므로 일생에 매여 종노릇 하는 모든 자들을 놓아주려 하심이니 [16] 이는 실로 천사들을 붙들어 주려 하심이 아니요 오직 아브라함의 자손을 붙들어 주려 하심이라』

　이 세상에서 사단은 사람들을 죄 가운데 가두고, 그들을 사망의 권세로 다스려 왔다. 사람들은 자신들이 알지 못하는 가운데 하나님께 불순종하며, 하나님을 알지 못하는 삶을 살았다.

(엡 2:2) 『그 때에 너희가 그 가운데서 행하여 이 세상 풍속을 좇고 공중의 권세 잡은 자를 따랐으니 곧 지금 불순종의 아들들 가운데서 역사하는 영이라』

　십자가는 저주의 표징이며, 또한 구원의 표징이다.

(갈 3:13) 『그리스도께서 우리를 위하여 저주를 받은 바 되사 율법의 저주에서 우리를 속량하셨으니 기록된 바 나무에 달린 자마다 저주 아래 있는 자라 하였음이라』

십자가 상에서 하나님의 아버지로부터 버림받은 자의 고통으로 부르짖으셨던 예수님의 소리는, 아버지로부터 버림받은 자로 버려졌던 우리가 전에는 알지 못했으나 지금은 너무나도 잘 알고 있는 고통의 부르짖음이었다.

(막 15:34) 『제구시에 예수께서 크게 소리지르시되 엘리 엘리 라마 사박다니 하시니 이를 번역하면 나의 하나님, 나의 하나님, 어찌하여 나를 버리셨나이까 하는 뜻이라』

십자가의 구원을 얻은 우리는 다음과 같이 고백한다.

"사망에서 생명으로 옮겼느니라."

(요 5:24) 『내가 진실로 진실로 너희에게 이르노니 내 말을 듣고 또 나 보내신 이를 믿는 자는 영생을 얻었고 심판에 이르지 아니하나니 사망에서 생명으로 옮겼느니라』

한 이레 - 칠년 환란과 재림

예수님의 초림이 죄와 사망의 권세로부터 영혼을 구원하신 사
건이라면, 예수님의 재림은 사단의 권세를 완전히 멸하시고, 사람
들이 영혼뿐만 아니라 육체도 구원을 얻게 하시는 사건이다.

(롬 8:11)『예수를 죽은 자 가운데서 살리신 이의 영이 너희 안에 거하시면
　　　　그리스도 예수를 죽은 자 가운데서 살리신 이가 너희 안에 거하
　　　　시는 그의 영으로 말미암아 너희 죽을 몸도 살리시리라』

(요 6:39)『나를 보내신 이의 뜻을 행하려 함이니라 나를 보내신 이의 뜻은
　　　　내게 주신 자 중에 내가 하나도 잃어버리지 아니하고 마지막 날
　　　　에 다시 살리는 이것이니라』

(요 6:40)『내 아버지의 뜻은 아들을 보고 믿는 자마다 영생을 얻는 이것이
　　　　니 마지막 날에 내가 이를 다시 살리리라 하시니라』

(요 6:44)『나를 보내신 아버지께서 이끌지 아니하면 아무라도 내게 올 수
　　　　없으니 오는 그를 내가 마지막 날에 다시 살리리라』

(요 6:54)『내 살을 먹고 내 피를 마시는 자는 영생을 가졌고 마지막 날에

내가 그를 다시 살리리니』

　예수님의 재림은 한 이레로 예정되어져 있는 7년 환난 후에 일어날 사건으로 기록되어 있다.

(단 12:10-12) 『[10] 많은 사람이 연단을 받아 스스로 정결케 하며 희게 할 것이나 악한 사람은 악을 행하리니 악한 자는 아무도 깨닫지 못하되 오직 지혜 있는 자는 깨달으리라 [11] 매일 드리는 제사를 폐하며 멸망케 할 미운 물건을 세울 때부터 일천이백구십 일을 지낼 것이요 [12] 기다려서 일천삼백삼십오 일까지 이르는 그 사람은 복이 있으리라』

　7년 환난은 성전을 건축하는데 3년 6개월, 그 이후에 3년 6개월로 구분되어져 있으며, 7년 환난 후 45일 후에 예수님의 재림이 있을 것이다. 예수님의 재림은 초림과 차이가 있는데, 초림은 죄를 대속하셔서 죄의 권세인 사망의 권세로부터의 구원에 맞추어져 있었다면, 재림은 다른 의미를 가지고 있다.

(히 9:28) 『이와 같이 그리스도도 많은 사람의 죄를 담당하시려고 단번에 드리신 바 되셨고 구원에 이르게 하기 위하여 죄와 상관없이 자기를 바라는 자들에게 두 번째 나타나시리라』

예수 그리스도의 재림은 영의 구원의 차원을 넘어 진정한 의미의 구원을 이루고자 두 번째 나타나시는 사건으로, 적그리스도와 거짓 선지자에 의해서 세워진 적그리스도의 제국인 바벨론의 횡포로 인해서 더 이상 소망이 없어진 이 세상을 심판하실 뿐만 아니라 죽은 자들의 부활로 이어지는 구원을 이루시기 위함이다.

칠년 환란

(요 5:43) 『나는 내 아버지의 이름으로 왔으매 너희가 영접치 아니하나 만일 다른 사람이 자기 이름으로 오면 영접하리라』

7년 환란은 이스라엘 자손들이 적그리스도를 자신들의 목자로 영접함으로 인해서 오는 환란이다. 다음의 메시지를 보라.

(슥 11:4-17) 『[4] 여호와 나의 하나님이 가라사대 너는 잡힐 양떼를 먹이라 [5] 산 자들은 그들을 잡아도 죄가 없다 하고 판 자들은 말하기를 내가 부요케 되었은즉 여호와께 찬송하리라 하고 그 목자들은 그들을 불쌍히 여기지 아니하는도다 [6] 여호와가 말하노라 내가 다시는 이 땅 거민을 불쌍히 여기지 아니하고 그 사람을 각각 그 이웃의 손과 임금의 손에 붙이리니 그들이

이 땅을 칠지라도 내가 그 손에서 건져내지 아니하리라 하시기로 [7] 내가 이 잡힐 양떼를 먹이니 참으로 가련한 양이라 내가 이에 막대기 둘을 취하여 하나는 은총이라 하며 하나는 연락이라 하고 양떼를 먹일새 [8] 한 달 동안에 내가 그 세 목자를 끊었으니 이는 내 마음에 그들을 싫어하였고 그들의 마음에도 나를 미워하였음이라 [9] 내가 가로되 내가 너희를 먹이지 아니하고 죽는 자는 죽는 대로, 망할 자는 망할 대로, 그 나머지는 피차 살을 먹는 대로 두리라 하고 [10] 이에 은총이라 하는 막대기를 취하여 잘랐으니 이는 모든 백성과 세운 언약을 폐하려 하였음이라 [11] 당일에 곧 폐하매 내게 청종하던 가련한 양들은 이것이 여호와의 말씀이었던 줄 안지라 [12] 내가 그들에게 이르되 너희가 좋게 여기거든 내 고가를 내게 주고 그렇지 아니하거든 말라 그들이 곧 은 삼십을 달아서 내 고가를 삼은지라 [13] 여호와께서 내게 이르시되 그들이 나를 헤아린 바 그 준가를 토기장이에게 던지라 하시기로 내가 곧 그 은 삼십을 여호와의 전에서 토기장이에게 던지고 [14] 내가 또 연락이라 하는 둘째 막대기를 잘랐으니 이는 유다와 이스라엘 형제의 의를 끊으려 함이었느니라 [15] 여호와께서 내게 이르시되 너는 또 우매한 목자의 기구들을 취할지니라 [16] 보라 내가 한 목자를 이 땅에 일으키리니 그가 없어진 자를 마음에 두지 아니하며 흩어진 자를 찾지 아니

하며 상한 자를 고치지 아니하며 강건한 자를 먹이지 아니하
고 오히려 살진 자의 고기를 먹으며 또 그 굽을 찢으리라
[17] 화 있을진저 양떼를 버린 못된 목자여 칼이 그 팔에, 우
편 눈에 임하리니 그 팔이 아주 마르고 그 우편 눈이 아주 어
두우리라』

스가랴 선지자는 이스라엘 족속을 향한 두 개의 막대기가 부러
지는 것에 대해서 말하면서 하나는 은총이라는 막대기이고, 다른
하나는 연락이라는 막대기라고 한다.

은총이라는 막대기가 부러졌을 때, 하나님의 아들에 대해서 이
스라엘 자손들은 은 30달란트의 값을 매기며, 그를 버림으로써
하나님의 언약의 파기가 선언된다. (10절) 언약의 파기는 곧 더 이
상 이스라엘 자손들을 하나님의 백성들로 인정하지 않겠다는 하
나님의 선포이다.

(요 1:9-13) 『[9] 참 빛 곧 세상에 와서 각 사람에게 비취는 빛이 있었나니
[10] 그가 세상에 계셨으며 세상은 그로 말미암아 지은 바 되
었으되 세상이 그를 알지 못하였고 [11] 자기 땅에 오매 자기
백성이 영접지 아니하였으나 [12] 영접하는 자 곧 그 이름을
믿는 자들에게는 하나님의 자녀가 되는 권세를 주셨으니 [13]
이는 혈통으로나 육정으로나 사람의 뜻으로 나지 아니하고 오

직 하나님께로서 난 자들이니라』

이스라엘 자손들이 버린 하나님은 이제 영접하는 자들의 하나님의 되었으며, 이것은 혈통이나 육정으로 나지 않는 믿음의 자녀들의 세계가 열린 것을 말한다.

연락이라는 막대기가 부러졌을 때에 유다와 이스라엘의 형제의 의가 끊어져 둘 사이의 불화가 시작되게 된 것을 말한다. 유다 사람들은 이스라엘을 사마리아 사람으로 칭하며 무시하게 되고, 사마리아 사람들은 유다 사람들을 멀리하게 되었다.

적그리스도는 슥 4:16(스가랴서 4장 16절)에 그가 이스라엘 자손들의 목자로 추앙되며, 어떻게 이스라엘의 멸망이 찾아왔는가를 스가랴서는 잘 말해 주고 있다. 그의 관심은 양을 보호하고 양을 먹이는데 있지 않고, 살진 자의 고기를 먹으며, 그 굽을 찢는데 있다. 예수 그리스도의 경고를 기억할 필요가 있다.

(요 10:10)『도적이 오는 것은 도적질하고 죽이고 멸망시키려는 것뿐이요 내가 온 것은 양으로 생명을 얻게 하고 더 풍성히 얻게 하려는 것이라』

적그리스도는 유대인들에 의해서 추대된 자이다. 유대인의 회 곧 사단의 회에 대한 경고를 보자.

(계 2:9) 『내가 네 환난과 궁핍을 아노니 실상은 네가 부요한 자니라 자칭 유대인이라 하는 자들의 훼방도 아노니 실상은 <u>유대인이 아니요 사단의 회라</u>』

(계 3:9) 『보라 <u>사단의 회 곧 자칭 유대인이라 하나 그렇지 않고 거짓말하는 자들</u> 중에서 몇을 네게 주어 저희로 와서 네 발 앞에 절하게 하고 내가 너를 사랑하는 줄을 알게 하리라』

사단의 회는 유대인의 회이다. 많은 사람들은 유대인의 회가 무엇인지 잘 모르지만 최근에 들어서 유대인의 회에 대한 많은 책들이 출판되었다. 보통 이 회를 지칭할 때, '프리메이슨' 이라고 한다. 프리메이슨은 시온주의자들의 모임 같지만 유대인들만의 회가 아니다. 좀 더 구체적으로 말하면, 이들은 신세계와 신인류를 꿈꾸는 자들의 모임이다. 유대인의 회는 성경의 다른 본문에서는 음녀라고 표현되고 있다.

(계 17:1) 『또 일곱 대접을 가진 일곱 천사 중 하나가 와서 내게 말하여 가로되 이리 오라 많은 물 위에 앉은 <u>큰 음녀</u>의 받을 심판을 네게 보이리라』

(계 17:15) 『또 천사가 내게 말하되 네가 본 바 <u>음녀의 앉은 물</u>은 백성과 무

리와 열국과 방언들이니라』

(계 17:16) 『네가 본 바 이 열 뿔과 짐승이 <u>음녀</u>를 미워하여 망하게 하고 벌거벗게 하고 그 살을 먹고 불로 아주 사르리라』

(계 19:2) 『그의 심판은 참되고 의로운지라 음행으로 땅을 더럽게 한 <u>큰 음녀</u>를 심판하사 자기 종들의 피를 그의 손에 갚으셨도다 하고』

적그리스도는 유대인의 회에서 추대한 인물로 역사 속에는 일곱 명의 적그리스도가 있었다. 마지막 적그리스도는 일곱째 속한 자이면서 여덟째 속한 자이다. 일곱째 속한 자는 죽음에서 다시 살아난 자로 유대인의 회를 파괴하고, 자신의 나라를 세우게 된다.

(계 17:16) 『네가 본 바 이 열 뿔과 짐승이 <u>음녀</u>를 미워하여 망하게 하고 벌거벗게 하고 그 살을 먹고 불로 아주 사르리라』

마지막 적그리스도가 유대인의 회와 함께 파괴하게 되는 것은 예루살렘과 유대 전체이다. 이것에 대한 경고의 메시지는 다음과 같다.

(계 14:18-20) 『[18] 또 불을 다스리는 다른 천사가 제단으로부터 나와 이
한 낫 가진 자를 향하여 큰 음성으로 불러 가로되 네 이한
낫을 휘둘러 땅의 포도송이를 거두라 그 포도가 익었느니
라 하더라 [19] 천사가 낫을 땅에 휘둘러 땅의 포도를 거두
어 하나님의 진노의 큰 포도주 틀에 던지매 [20] 성 밖에서
그 틀이 밟히니 틀에서 피가 나서 말굴레까지 닿았고 일천
육백 스다디온에 퍼졌더라』

　　이것은 칠년 환난 가운데 마지막 3년 6개월에 해당되는 부분이
다. 적그리스도와의 불화가 있기 전에 유대인들은 적그리스도를
회복된 성전으로 초대할 뿐만 아니라 제사장만이 들어갈 수 있는
제사장 뜰로 그를 인도해서 제사의 전 과정을 볼 수 있게 하고,
나아가 제사에 함께 참여하게 하고, 성소에까지 들어가게 한다.

(겔 44:5-8) 『[5] 여호와께서 내게 이르시되 인자야 너는 전심으로 주목하
여 내가 네게 말하는 바 여호와의 전의 모든 규례와 모든 율례
를 귀로 듣고 또 전의 입구와 성소의 출구를 전심으로 주의하
고 [6] 너는 패역한 자 곧 이스라엘 족속에게 이르기를 주 여
호와의 말씀이 이스라엘 족속아 너희의 모든 가증한 일이 족
하니라 [7] 대저 너희가 마음과 몸에 할례 받지 아니한 이방인
을 데려오고 떡과 기름과 피를 드릴 때에 그들로 내 성소 안에

있게 하여 내 전을 더럽히므로 너희의 모든 가증한 일 외에 그들이 내 언약을 위반케 하는 것이 되었으며 [8] 너희가 내 성물의 직분을 지키지 아니하고 내 성소에 사람을 두어 너희 직분을 대신 지키게 하였느니라』

제사의 전 과정을 지켜본 적그리스도는 이후에 매일 드리는 제사를 폐할 뿐만 아니라 자신만을 위한 제사를 드리게 한다. 예수님의 무화과 비유는 유다와 예루살렘을 향한 이 때 일어날 일들에 대한 경고이다.

(마 24:32-35) 『[32] 무화과나무의 비유를 배우라 그 가지가 연하여지고 잎사귀를 내면 여름이 가까운 줄을 아나니 [33] 이와 같이 너희도 이 모든 일을 보거든 인자가 가까이 곧 문 앞에 이른 줄 알라 [34] 내가 진실로 너희에게 말하노니 이 세대가 지나가기 전에 이 일이 다 이루리라 [35] 천지는 없어지겠으나 내 말은 없어지지 아니하리라』

무화과나무의 비유란 예수님이 예루살렘 성전으로 들어가시면서 잎만 무성한 무화과나무를 저주하신 사건을 말하는데, 무화과나무를 저주하신 이유는 예루살렘 성전의 파괴를 경고하시기 위함이었다.

　　무화과나무의 비유를 배우라는 것은 예루살렘 성전을 보라는 것이다. 예루살렘 성전이 지어지기 시작하면 칠년 환란이 시작되고, 예루살렘 성전이 다 지어지면 이스라엘 자손들에게 환란이 닥치기 때문이다. 이 때에 어떻게 할 것인가에 대한 메시지는 다음과 같다.

(마 24:15-31) 『[15] 그러므로 너희가 선지자 다니엘의 말한 바 멸망의 가증한 것이 거룩한 곳에 선 것을 보거든 (읽는 자는 깨달을진저) [16] 그 때에 유대에 있는 자들은 산으로 도망할지어다 [17] 지붕 위에 있는 자는 집 안에 있는 물건을 가질러 내려가지 말며 [18] 밭에 있는 자는 겉옷을 가질러 뒤로 돌이키지 말지어다 [19] 그 날에는 아이 밴 자들과 젖 먹이는 자들에게 화가 있으리로다 [20] 너희의 도망하는 일이 겨울에나 안식일에 되지 않도록 기도하라 [21] 이는 그 때에 큰 환난이 있겠음이라 창세로부터 지금까지 이런 환난이 없었고 후에도 없으리라 [22] 그 날들을 감하지 아니할 것이면 모든 육체가 구원을 얻지 못할 것이나 그러나 택하신 자들을 위하여 그 날들을 감하시리라 [23] 그 때에 사람이 너희에게 말하되 보라 그리스도가 여기 있다 혹 저기 있다 하여도 믿지 말라 [24] 거짓 그리스도들과 거짓 선지자들이 일어나 큰 표적과 기사를 보이어 할 수만 있으면 택하신

자들도 미혹하게 하리라 [25] 보라 내가 너희에게 미리 말하였노라 [26] 그러면 사람들이 너희에게 말하되 보라 그리스도가 광야에 있다 하여도 나가지 말고 보라 골방에 있다 하여도 믿지 말라 [27] 번개가 동편에서 나서 서편까지 번쩍임 같이 인자의 임함도 그러하리라 [28] 주검이 있는 곳에는 독수리들이 모일지니라 [29] 그 날 환난 후에 즉시 해가 어두워지며 달이 빛을 내지 아니하며 별들이 하늘에서 떨어지며 하늘의 권능들이 흔들리리라 [30] 그 때에 인자의 징조가 하늘에서 보이겠고 그 때에 땅의 모든 족속들이 통곡하며 그들이 인자가 구름을 타고 능력과 큰 영광으로 오는 것을 보리라 [31] 저가 큰 나팔 소리와 함께 천사들을 보내리니 저희가 그 택하신 자들을 하늘 이 끝에서 저 끝까지 사방에서 모으리라』

예루살렘 성전이 지어지고 얼마 후에 적그리스도는 예루살렘 성전을 차지하고 대제사장을 비롯한 제사장들을 죽이고, 자신의 형상을 세우게 된다. 제사장들을 죽이기 시작할 때는 도망하기가 늦다. 예루살렘 성전이 지어짐과 동시에 유다를 떠나야 한다. 이러한 일들이 겨울에 일어나지 않기를 기도하라는 것(20절)은 마카비 혁명이 성공하고 성전 재봉헌식이 겨울에 있었기 때문이며, 이 전통을 따라서 성전 봉헌식이 겨울에 있을 확률이 높기 때문이다.

마카비 가문의 혁명이 성공을 거두고 재봉헌식이 드려졌을 때를 기념하기 위해서 제정된 것이 수전절이며, 수전절은 BC 164년 12월(유대 달력으로는 키슬레브월) 25일 성전 정화 사건을 계기로 제정되었다.

칠년 환란의 후반 3년 6개월 동안이 지나는 시기 동안 이스라엘은 철저하게 파괴되어지고, 세계는 666이라고 불리는 칩을 이식한 사람들만의 신세계 작업에 들어가게 된다. 하지만 이 기간 동안 자연의 질서가 파괴되면서 자연 재앙이 닥치기 시작하는데, 그 내용은 일곱 대접 재앙으로 분류되어서 기록되어져 있다.

마태복음에서도 이에 대한 설명이 간단하게 나온다.

(마 24:29) 『그 날 환난 후에 즉시 해가 어두워지며 달이 빛을 내지 아니하며 별들이 하늘에서 떨어지며 하늘의 권능들이 흔들리리라』

칠년 환란이 지나는 동안 예수님의 재림의 징조가 보이고, 하늘에서는 사단이 쫓겨나게 된다.

(마 24: 30-31) 『[30] 그 때에 인자의 징조가 하늘에서 보이겠고 그 때에 땅의 모든 족속들이 통곡하며 그들이 인자가 구름을 타고 능력과 큰 영광으로 오는 것을 보리라 [31] 저가 큰 나팔

소리와 함께 천사들을 보내리니 저희가 그 택하신 자들을
하늘 이 끝에서 저 끝까지 사방에서 모으리라』

　　다음은 스가랴서의 본문을 보면서 어떤 순서로 환란에서 재림
까지를 보아야 하는지 생각해 보자.

　　칠년 환란 가운데 전 3년 6개월은 성전이 지어지는 기간이면서
동시에 이스라엘 사람들이 애통하며 회개하는 기간이다. 성전의
완공에 대해서 스가랴서 13장 1절은 "죄와 더러움을 씻는 샘이 다
윗 족속과 예루살렘 거민을 위하여 열리리라."고 말하고 있다. 하
지만 성전이 완공되고 난 후의 예언은 이스라엘의 멸망을 선포하
고 있다.

　　스가랴서 13장 후반으로 이어진 본문을 보라.

(슥 13:1) 『그 날에 죄와 더러움을 씻는 샘이 다윗의 족속과 예루살렘 거민
　　　　을 위하여 열리리라』 - **성전 완공**

(슥 13:7-9) 『[7] 만군의 여호와가 말하노라 칼아 깨어서 내 목자, 내 짝된
　　　　　자를 치라 목자를 치면 양이 흩어지려니와 작은 자들 위에는
　　　　　내가 내 손을 드리우리라 [8] 여호와가 말하노라 이 온 땅에서
　　　　　삼분지 이는 멸절하고 삼분지 일은 거기 남으리니 [9] 내가 그
　　　　　삼분지 일을 불 가운데 던져 은 같이 연단하며 금 같이 시험할

것이라 그들이 내 이름을 부르리니 내가 들을 것이며 나는 말

하기를 이는 내 백성이라 할 것이요 그들은 말하기를 여호와

는 내 하나님이시라 하리라』 - **이스라엘의 멸망**

스가랴서 13장 후반은 성전 건축 후에 바로 이스라엘이 멸망할
것을 말하고 있다. 성전이 완공되면 적그리스도가 비로소 유대인
의 회(예루살렘)를 대적하고 일어나게 된다.

다음의 이어지는 본문을 보자.

(슥14:1-2) 『[1] 여호와의 날이 이르리라 그 날에 네 재물이 약탈되어 너

의 중에서 나누이리라 [2] 내가 열국을 모아 예루살렘과 싸우

게 하리니 성읍이 함락되며 가옥이 약탈되며 부녀가 욕을 보

며 성읍 백성이 절반이나 사로잡혀 가려니와 남은 백성은 성

읍에서 끊쳐지지 아니하리라』 - **이스라엘의 멸망**

위의 본문은 적그리스도 제국에 의한 예루살렘의 멸망을 다루
고 있다. 1948년에 새롭게 세워졌던 이스라엘이 성전 건축 이후
에 멸망하게 되고, 멸망의 이유는 적그리스도와 음녀의 싸움으로
이해할 수 있다. 이스라엘이 멸망하면, 그 때에 예수님께서 재림
하신다.

(슥 14:3-7) 『[3] 그 때에 여호와께서 나가사 그 열국을 치시되 이왕 전쟁 날에 싸운 것 같이 하시리라 [4] 그 날에 그의 발이 예루살렘 앞 곧 동편 감람산에 서실 것이요 감람산은 그 한가운데가 동서로 갈라져 매우 큰 골짜기가 되어서 산 절반은 북으로, 절반은 남으로 옮기고 [5] 그 산 골짜기는 아셀까지 미칠지라 너희가 그의 산골짜기로 도망하되 유다 왕 웃시야 때에 지진을 피하여 도망하던 것 같이 하리라 나의 하나님 여호와께서 임하실 것이요 모든 거룩한 자가 주와 함께 하리라 [6] 그 날에는 빛이 없겠고 광명한 자들이 떠날 것이라 [7] 여호와의 아시는 한 날이 있으리니 낮도 아니요 밤도 아니라 어두워 갈 때에 빛이 있으리로다』 - **예수님의 재림**

위의 본문은 예수님의 재림을 다루고 있다. 이스라엘이 멸망을 당하고, 적그리스도 제국은 본격적으로 사람들을 죽이기 시작할 때에 태양의 활동은 점점 어두워진다. 예수님은 적그리스도의 제국이 예수님의 재림을 방해하기 위해 감람산에 모였을 때에 재림하시고, 재림하시면서 감람산에 큰 지진이 일어나게 된다. 물론 지진 외에 다른 재앙들이 있는데, 그 내용은 다음과 같다.

(스가랴 14:12-15) 『[12] 예루살렘을 친 모든 백성에게 여호와께서 내리실 **재앙**이 이러하니 곧 섰을 때에 그 살이 썩으며 그 눈

이 구멍 속에서 썩으며 그 혀가 입속에서 썩을 것이요
[13] 그 날에 여호와께서 그들로 크게 요란케 하시리니
피차 손으로 붙잡으며 피차 손을 들어 칠 것이며 [14]
유다도 예루살렘에서 싸우리니 이 때에 사면에 있는 열
국의 보화 곧 금 은과 의복이 심히 많이 모여질 것이요
[15] 또 말과 노새와 약대와 나귀와 그 진에 있는 모든
육축에게 미칠 재앙도 그 재앙과 같으리라』

이제 예수님의 재림 후 천년왕국이 들어서는데, 그 내용은 다음과 같다.

(슥 14:8-21) 『[8] 그 날에 생수가 예루살렘에서 솟아나서 절반은 동해로,
절반은 서해로 흐를 것이라 여름에도 겨울에도 그러하리라
[9] 여호와께서 천하의 왕이 되시리니 그 날에는 여호와께서
홀로 하나이실 것이요 그 이름이 홀로 하나이실 것이며 [10]
온 땅이 아라바 같이 되되 게바에서 예루살렘 남편 림몬까지
미칠 것이며 예루살렘이 높이 들려 그 본처에 있으리니 베냐
민 문에서부터 첫 문 자리와 성 모퉁이 문까지 또 하나넬 망
대에서부터 왕의 포도주 짜는 곳까지라 [11] 사람이 그 가운
데 거하며 다시는 저주가 있지 아니하리니 예루살렘이 안연
히 서리로다 [12] 예루살렘을 친 모든 백성에게 여호와께서

내리실 **재앙**이 이러하니 곧 섰을 때에 그 살이 썩으며 그 눈이 구멍 속에서 썩으며 그 혀가 입속에서 썩을 것이요 [13] 그 날에 여호와께서 그들로 크게 요란케 하시리니 피차 손으로 붙잡으며 피차 손을 들어 칠 것이며 [14] 유다도 예루살렘에서 싸우리니 이 때에 사면에 있는 열국의 보화 곧 금 은과 의복이 심히 많이 모여질 것이요 [15] 또 말과 노새와 약대와 나귀와 그 진에 있는 모든 육축에게 미칠 재앙도 그 재앙과 같으리라 [16] 예루살렘을 치러 왔던 열국 중에 남은 자가 해마다 올라와서 그 왕 만군의 여호와께 숭배하며 초막절을 지킬 것이라 [17] 천하만국 중에 그 왕 만군의 여호와께 숭배하러 예루살렘에 올라오지 아니하는 자에게는 비를 내리지 아니하실 것인즉 [18] 만일 애굽 족속이 올라오지 아니할 때에는 창일함이 있지 아니하리니 여호와께서 초막절을 지키러 올라오지 아니하는 열국 사람을 치시는 재앙을 그에게 내리실 것이라 [19] 애굽 사람이나 열국 사람이나 초막절을 지키러 올라오지 아니하는 자의 받을 벌이 이러하니라 [20] 그 날에는 말 방울에까지 **여호와께 성결**이라 기록될 것이라 여호와의 전에 모든 솥이 제단 앞 주발과 다름이 없을 것이니 [21] 예루살렘과 유다의 모든 솥이 만군의 여호와의 성물이 될 것인즉 제사 드리는 자가 와서 이 솥을 취하여 그 가운데 고기를 삶으리라 그 날에는 만군의 여호와의 전에 가나안 사람이 다시 있지 아니하리라』

천년왕국은 모든 사람들을 정결케 하는 기간이다. 이 기간 동안 사람들은 초막절을 지키게 되고, 또한 '여호와께 성결'이라는 단어를 새기고, 정결한 삶을 위한 훈련을 받을 것이다. 천년왕국은 초막절을 의미한다.

스가랴서 13장에서 14장까지를 다시 한 번 정리하면, 12장 10절-14절은 성전 건축과 더불어 하나님께 대한 회개와 탄식의 기간을 가진다. 13장 1절-6절은 성전 건축을 다루고 있다. 성전 건축은 곧 죄와 더러움을 씻는 샘이 될 것이다. 13장 7절-9절은 이스라엘의 멸망을 말하고 있고, 14장 1절-2절은 좀 더 구체적인 멸망의 내용을 담고 있다. 14장 3절-6절은 예수님의 재림과 적그리스도 제국의 멸망을 다루고 있고, 14장 8절-21절은 천년왕국에 대해서 다루고 있다.

적그리스도 제국의 멸망 - 일곱 대접 재앙

일곱 나팔이 불리어졌을 때에 등장했던 적그리스도 제국은 일곱 대접 재앙으로 인해서 편안한 제국이 되지 못하고, 멸망하는 제국이 된다.

일곱 대접 재앙은 지금 사람들이 우려하고 있는 환경 재앙에 가깝다. 하지만 홍수가 아니라 태양의 이상 활동과 관계가 있다. 관심이 있다면 태양의 이상 활동과 환경의 영향에 대해서 연구해 보라. 놀라운 결과를 얻게 될 것이다.

7년 환란이 시작되면 성경의 다음 경고들을 생각해 볼 필요가 있다.

(욜 2:31) 『여호와의 크고 두려운 날이 이르기 전에 해가 어두워지고 달이 핏빛 같이 변하려니와』

(마 24:29) 『그 날 환난 후에 즉시 해가 어두워지며 달이 빛을 내지 아니하며 별들이 하늘에서 떨어지며 하늘의 권능들이 흔들리리라』

(막 13:24) 『그 때에 그 환난 후 해가 어두워지며 달이 빛을 내지 아니하며』

환난은 7년 환난 가운데 후 3년 6개월에 있을 예루살렘과 이스라엘의 멸망을 의미하는데, 이러한 멸망이 있고 난 후에 해가 어두워진다는 것이다.

　태양의 이상 현상은 21세기에 들어서면서 적도 지역을 중심으로 나타나는 기근과 관계가 깊다. 환난이 극에 이르면서 태양의 이상 활동이 결론에 도달한다. 태양은 행성이기보다는 수소와 헬륨으로 구성된 가스 덩어리인데, 수소와 헬륨의 화학반응이 극에 달하면서 지구에 영향을 주고 난 후에 차츰 화학반응이 꺼져가게 된다.

　일곱 대접의 내용은 다음과 같다.

(계 16:1-21)『[1] 또 내가 들으니 성전에서 큰 음성이 나서 일곱 천사에게 말하되 너희는 가서 하나님의 진노의 일곱 대접을 땅에 쏟으라 하더라 [2] 첫째가 가서 그 대접을 땅에 쏟으며 악하고 독한 헌데가 짐승의 표를 받은 사람들과 그 우상에게 경배하는 자들에게 나더라 [3] 둘째가 그 대접을 바다에 쏟으매 바다가 곧 죽은 자의 피 같이 되니 바다 가운데 모든 생물이 죽더라 [4] 셋째가 그 대접을 강과 물 근원에 쏟으매 피가 되더라 [5] 내가 들으니 물을 차지한 천사가 가로되 전에도 계셨고 시방도 계신 거룩하신 이여 이렇게 심판하시니 의로우시도다 [6] 저희가 성도들과 선지자들의 피를 흘렸으므로 저희로 피를 마시게 하신 것이 합당하니이다 하더라 [7] 또 내가 들으니 제단이 말하기를 그러하다 주 하나님 곧 전능하신 이시여

심판하시는 것이 참되시고 의로우시도다 하더라 [8] 넷째가
그 대접을 해에 쏟으매 해가 권세를 받아 불로 사람들을 태우
니 [9] 사람들이 크게 태움에 태워진지라 이 재앙들을 행하
는 권세를 가지신 하나님의 이름을 훼방하며 또 회개하여 영
광을 주께 돌리지 아니하더라 [10] 또 다섯째가 그 대접을 짐
승의 보좌에 쏟으니 그 나라가 곧 어두워지며 사람들이 아파
서 자기 혀를 깨물고 [11] 아픈 것과 종기로 인하여 하늘의
하나님을 훼방하고 저희 행위를 회개치 아니하더라 [12] 또
여섯째가 그 대접을 큰 강 유브라데에 쏟으매 강물이 말라서
동방에서 오는 왕들의 길이 예비되더라 [13] 또 내가 보매 개
구리 같은 세 더러운 영이 용의 입과 짐승의 입과 거짓 선지
자의 입에서 나오니 [14] 저희는 귀신의 영이라 이적을 행하
여 온 천하 임금들에게 가서 하나님 곧 전능하신 이의 큰 날
에 전쟁을 위하여 그들을 모으더라 [15] 보라 내가 도적 같이
오리니 누구든지 깨어 자기 옷을 지켜 벌거벗고 다니지 아니
하며 자기의 부끄러움을 보이지 아니하는 자가 복이 있도다
[16] 세 영이 히브리 음으로 **아마겟돈**이라 하는 곳으로 왕들
을 모으더라 [17] 일곱째가 그 대접을 공기 가운데 쏟으매
큰 음성이 성전에서 보좌로부터 나서 가로되 되었다 하니
[18] 번개와 음성들과 뇌성이 있고 또 지진이 있어 어찌 큰
지 사람이 땅에 있어 옴으로 이같이 큰 지진이 없었더라

[19] 큰 성이 세 갈래로 갈라지고 만국의 성들도 무너지니 큰 성 바벨론이 하나님 앞에 기억하신 바 되어 그의 맹렬한 진노의 포도주 잔을 받으매 [20] 각 섬도 없어지고 산악도 간 데 없더라 [21] 또 중수가 한 달란트나 되는 큰 우박이 하늘로부터 사람들에게 내리매 사람들이 그 박재로 인하여 하나님을 훼방하니 그 재앙이 심히 큼이러라』

위의 본문은 네 부분으로 나뉜다.

1. 전쟁 후 환경의 파괴(첫째 대접 – 셋째 대접)

① 첫째 대접은 전쟁 후에 만연하게 되는 질병에 대한 경고를 담고 있다.

② 둘째 대접은 전쟁 후의 바다의 오염을 경고하고 있다. 바다의 오염은 배들이 파괴되면서 배로부터 흘러나온 기름들이 바다의 환경을 파괴할 것이다.

③ 셋째 대접은 전쟁 후의 강들의 오염을 경고하고 있다. 비가 내리면 산이나 들에 흩어져 있던 전쟁의 오염물질들과 시체 썩은 물들이 강으로 흘러들게 되면서 강의 오염이 심각해질 것이다.

2. 태양의 이상기후 현상(넷째 대접과 다섯째 대접)

① 넷째 대접은 태양의 이상 현상으로 인해서 사람들이 태양의 열기로 인해서 죽임을 당할 것을 경고하고 있다.

② 다섯째 대접은 태양의 이상 현상으로 지구가 일시적으로 어두워질 것에 대한 경고를 담고 있다.

3. 아마겟돈으로 적그리스도의 군대가 집결됨

여섯째 대접은 용으로부터 나온 귀신의 영들이 사람들을 아마겟돈이라고 하는 예루살렘으로 모으게 되는 것을 말하고 있다. 이들이 모여온 목적은 예수님의 재림을 감람산에서 저지하기 위험이있다.

4. 적그리스도 제국의 멸망

일곱째 대접은 예수님의 재림으로 인해서 적그리스도와 거짓 선지자가 이끄는 군대가 망하게 되는 것을 말하고 있다.

이들의 멸망은 3단계로 이어진다. 첫째는 공기의 오염이다. 둘째는 큰 지진으로 예루살렘 성이 세 갈래로 갈라진다. 셋째는 무게가 35kg이나 되는 우박이 떨어져서 사람들이 죽임을 당하게 된다.

예수님의 재림과 연결되는 추가적인 본문은 다음과 같다.

(계 19:11-21) 『[11] 또 내가 하늘이 열린 것을 보니 보라 백마와 탄 자가 있으니 그 이름은 충신과 진실이라 그가 공의로 심판하며 싸우더라 [12] 그 눈이 불꽃같고 그 머리에 많은 면류관이 있고 또 이름 쓴 것이 하나가 있으니 자기 밖에 아는 자가 없고 [13] 또 그가 피 뿌린 옷을 입었는데 그 이름은 하나님의 말씀이라 칭하더라 [14] 하늘에 있는 군대들이 희고 깨끗한 세마포를 입고 백마를 타고 그를 따르더라 [15] 그의 입에서 이한 검이 나오니 그것으로 만국을 치겠고 친히 저희를 철장으로 다스리며 또 친히 하나님 곧 전능하신 이의 맹렬한 진노의 포도주 틀을 밟겠고 [16] 그 옷과 그 다리에 이름 쓴 것이 있으니 만왕의 왕이요 만주의 주라 하였더라 [17] 또 내가 보니 한 천사가 해에 서서 공중에 나는 모든 새를 향하여 큰 음성으로 외쳐 가로되 와서 하나님의 큰 잔치에 모여 [18] 왕들의 고기와 장군들의 고기와 장사들의 고기와 말들과 그 탄 자들의 고기와 자유한 자들이나 종들이나 무론대소하고 모든 자의 고기를 먹으라 하더라 [19] 또 내가 보매 그 짐승과 땅의 임금들과 그 군대들이 모여 그

말 탄 자와 그의 군대로 더불어 전쟁을 일으키다가 [20] 짐
승이 잡히고 그 앞에서 이적을 행하던 거짓 선지자도 함께
잡혔으니 이는 짐승의 표를 받고 그의 우상에게 경배하던
자들을 이적으로 미혹하던 자라 이 둘이 산 채로 유황불 붙
는 못에 던지우고 [21] 그 나머지는 말 탄 자의 입으로 나오
는 검에 죽으매 모든 새가 그 고기로 배불리우더라』

일곱 대접 재앙은 친히 예수님과 하늘 군대가 지상으로 내려오
면서 적그리스도와 거짓 선지자와 더불어 모여 있던 군대를 심판
하는 장면을 그리고 있다. 예수님의 재림으로 인해서 적그리스도
와 거짓 선지자는 산채로 잡혀서 불못에 던져지게 된다.

제3부

죽은 자들에 대한 심판

제1장 곡과 마곡의 반란

곡과 마곡

천년왕국이 끝이 나면서 사단은 곡과 마곡에 살고 있던 자신에게 속한 사람들을 이끌고 새 예루살렘을 포위하게 된다. 하지만 하늘에서 불이 내려와서 살아있는 모든 자들이 죽임을 당하게 되고, 사단도 잡혀서 영원한 불못에 던져지게 된다.

(계 20:7-10) 『[7] 천년이 차매 사단이 그 옥에서 놓여 [8] 나와서 땅의 사방 백성 곧 곡과 마곡을 미혹하고 모아 싸움을 붙이리니 그 수가 바다 모래 같으리라 [9] 저희가 지면에 널리 퍼져 성도들의 진과 사랑하시는 성을 두르매 하늘에서 불이 내려와 저

희를 소멸하고 [10] 또 저희를 미혹하는 마귀가 불과 유황 못에 던지우니 거기는 그 짐승과 거짓 선지자들도 있어 세세토록 밤낮 괴로움을 받으리라』

천년 동안 두 부류의 사람들이 살아남아 있었다. 첫째 부류는 아브라함에게 약속하셨던 약속의 땅에 들어간 사람들이며, 여기에는 이스라엘 자손과 이방인들도 포함되어 있었다.

다른 부류는 약속의 땅에 들어가지 못한 사람들이다. 이들이 곡과 마곡의 사람들이다.

(겔 38:8-16) 『[8] 여러 날 후 곧 말년에 네가 명령을 받고 그 땅 곧 오래 황무하였던 이스라엘 산에 이르리니 그 땅 백성은 칼을 벗어나서 열국에서부터 모여 들어오며 이방에서부터 나와서 다 평안히 거하는 중이라 [9] 네가 올라오되 너와 네 모든 떼와 너와 함께한 많은 백성이 광풍 같이 이르고 구름 같이 땅을 덮으리라 [10] 나 주 여호와가 말하노라 그 날에 네 마음에서 여러 가지 생각이 나서 악한 꾀를 내어 [11] 말하기를 내가 평원의 고을들로 올라가리라 성벽도 없고 문이나 빗장이 없어도 염려 없이 다 평안히 거하는 백성에게 나아가서 [12] 물건을 겁탈하며 노략하리라 하고 네 손을 들어서 황무하였다가 지금 사람이 거처하는 땅과 열국 중에서 모여서 짐승과

재물을 얻고 세상 중앙에 거하는 백성을 치고자 할 때에 [13] 스바와 드단과 다시스의 상고와 그 부자들이 네게 이르기를 네가 탈취하러 왔느냐 네가 네 무리를 모아 노략하고자 하느냐 은과 금을 빼앗으며 짐승과 재물을 취하며 물건을 크게 약탈하여 가고자 하느냐 하리라 하셨다 하라 [14] 인자야 너는 또 예언하여 곡에게 이르기를 주 여호와의 말씀에 내 백성 이스라엘이 평안히 거하는 날에 네가 어찌 그것을 알지 못하겠느냐 [15] 네가 네 고토 극한 북방에서 많은 백성 곧 다 말을 탄 큰 떼와 능한 군대와 함께 오되 [16] 구름이 땅에 덮임 같이 내 백성 이스라엘을 치러 오리라 곡아 끝날에 내가 너를 이끌어다가 내 땅을 치게 하리니 이는 내가 너로 말미암아 이방 사람의 목전에서 내 거룩함을 나타내어 그들로 다 나를 알게 하려 함이니라』

곡과 마곡의 사람들이 사단과 더불어서 이스라엘 땅을 침략하는 이유는 죽은 자들의 심판을 위함이었다. 예수님의 재림과 더불어 세상에는 평화가 찾아왔으나 아직 심판이 진행되지 않았다. 그 이유는 사단과 더불어 사단에게 속한 자들을 심판할 만한 조건이 성립되지 않았기 때문이었다.

사단도 마지막 반란을 통해서 심판의 이유를 갖게 되고, 남아 있던 세상의 자녀들도 죽임을 당함으로 인해서 죽은 자들의 심판이 진행될 수 있었다.

죽은 자들에 대한 심판

예수님의 재림 후에도 사람들은 여전히 땅 위에 살고 있었다. 하지만 사단이 무저갱에서 풀려나면서 사단에게 속한 사람들이 사단과 더불어 반란을 일으키며 예수 그리스도의 다스리는 성을 공격하게 된다. 이로써 땅 위에 있던 사람들은 죽임을 당하게 되고, 죽은 자들에 대한 심판이 시작된다.

여기에서 한 가지 주목해 보아야 할 것은 하나님이 아브라함에게 약속하셨던 약속의 땅(홍해에서 유프라테스 강까지)에 살고 있었던 사람들은 이미 영생에 참여한 사람들이기에 죽음과 심판이 없다. 사단이 천년 동안 결박되어 있는 동안 부활에 참여한 사람들은 자신의 유업(遺業)을 누리는 기간을 가지는데, 그 기간이 천년이었다. 이 기간은 다니엘에게도 약속하셨던 기간이기도 하다.

(단 12:13) 『너는 가서 마지막을 기다리라 이는 네가 평안히 쉬다가 끝날에는 네 업을 누릴 것임이니라』

다니엘에게 말씀하셨던 위의 말씀은 ① 부활에 대한 약속 ② 업을 누릴 것에 대한 약속이 담겨져 있다. 다니엘은 세상에 살아있을 동안에 바벨론과 메데와 바사의 총리로서 세상의 복을 누렸다고 볼 수도 있지만, 하나님께서 진정으로 누리기를 원하신 삶은 부활 후에 있을 천년 동안의 업이었다.

그들은 하나님의 약속의 땅에서 진정한 안식과 기쁨을 누리는 반면, 약속의 땅에 들어가지 못한 사람들은 나름대로 불만이 많은 삶을 살았을 것이다.

약속의 땅에 들어가지 못한 사람들은 사단에게 속하여 결국 심판대 앞에 서게 된다.

죽은 자들에 대한 심판은 천년 동안 약속의 땅에 들어가지 못한 사람들이 반란에 참여하고, 불이 하늘에서 내려와서 그들을 모두 죽임으로 가능하게 된다.

하나님은 공의의 문제로 인해서 비록 하나님께 속하지 않은 사람들이라 할지라도 이유 없이 생명을 거두시지 않으셨다.

죽은 자들에 대한 심판은 다음의 본문에서 다루고 있다.

(계 20:11-15) 『[11] 또 내가 크고 흰 보좌와 그 위에 앉으신 자를 보니 땅과 하늘이 그 앞에서 피하여 간 데 없더라 [12] 또 내가 보니 죽은 자들이 무론대소하고 그 보좌 앞에 섰는데 책들이 펴 있고 또 다른 책이 펴졌으니 곧 생명책이라 죽은 자들이 자기 행위를 따라 책들에 기록된 대로 심판을 받으니 [13]

바다가 그 가운데서 죽은 자들을 내어주고 또 사망과 음부
도 그 가운데서 죽은 자들을 내어주매 각 사람이 자기의 행
위대로 심판을 받고 [14] 사망과 음부도 불못에 던지우니
이것은 둘째 사망 곧 불못이라 [15] 누구든지 생명책에 기
록되지 못한 자는 불못에 던지우더라』

죽은 자들의 심판은 생명책과 책들(행위가 기록된 책들)이 기준
이 되어서 행위를 심판하는 것이다. 이것은 최후의 심판으로 정
죄를 당한 자는 영원한 불못에 던져지게 된다. 이 심판은 영의 심
판이 아니라 죽음에서 부활한 자들의 온전한 몸에 대한 심판이다.
이것을 위해서 사망과 음부도 불못에 던져지게(14절) 되고, 제2의
죽음이라는 것은 산채로 불못에 던져지는 것을 의미한다.

죽은 자들에 대한 심판에서 한 가지 주의해서 보아야 할 것은
예수님을 믿는 자들 중에도 심판대 앞에 설 사람들이 있다는 것
이다. 이것에 대해서 경고하는 본문을 보자.

(히 4:1) 『그러므로 우리는 두려워할지니 그의 안식에 들어갈 약속이 남아
있을지라도 너희 중에 혹 미치지 못할 자가 있을까 함이라』

(빌 2:12) 『그러므로 나의 사랑하는 자들아 너희가 나 있을 때뿐 아니라 더
욱 지금 나 없을 때에도 항상 복종하여 두렵고 떨림으로 너희 구

원을 이루라』

구원은 예수 그리스도를 믿음으로 얻게 되는 하나님의 은혜이지만 이 구원에서 떨어져 나가는 사람들도 있음을 기억해야 한다. 더욱이 이 구원의 증거는 다음의 말씀과도 연합되어져야 한다.

(요일 3:10-11) 『[10] 이러므로 하나님의 자녀들과 마귀의 자녀들이 나타나나니 무릇 의를 행치 아니하는 자나 또는 그 형제를 사랑치 아니하는 자는 하나님께 속하지 아니하니라 [11] 우리가 서로 사랑할지니 이는 너희가 처음부터 들은 소식이라』

히브리서 4장 1절의 말씀은 믿는 자들 중에도 안식에 들어가지 못하고, 음부로 내려가는 자들이 있음을 경고하고 있다.

예수 그리스도를 믿는다는 것은 마음과 영으로 예수 그리스도와 연합됨을 의미하며, 그 증거는 요한 일서 3장 10절에 언급되어 있듯이 의를 행하며, 형제를 사랑하는 것으로 나타난다.

많은 그리스도인들은 자신의 믿음의 의에 빠져서 살아가고 있다. 그 의는 그리스도로부터 말미암는 의가 아니라 자신이 믿는 믿음의 의이다. 이 의로는 구원을 받기 어렵다. 오직 의인은 자신의 믿음이 아니라 그리스도 예수께서 주시는 은혜의 의를 따라 살아야 한다. 은혜의 의는 생명의 성령의 법 아래 있음을 알 때 비로소 깨닫게 된다.

예수 그리스도의 사람들 중에서도 음부에서 고통을 당하며 예수님의 재림을 소망하며, 기다리는 사람들이 있을 것이다. 물론 안식 가운데 예수님의 재림을 소망하는 사람들도 있을 것이다. 안식에 들어간 자들에게는 심판이 없고, 부활과 더불어 자신의 업을 누리는 은혜가 있을 것이다.

부활은 생명의 부활과 심판의 부활로 나누어져 있는데, 생명의 부활이 천년을 앞서 일어나고, 천년이 지난 후에 심판의 부활이 있다.

(요 5:29) 『선한 일을 행한 자는 생명의 부활로, 악한 일을 행한 자는 심판의 부활로 나오리라』

다음의 본문은 생명의 부활과 심판의 부활의 시간차를 분명히 하고 있다.

(고전 15:20-26) 『[20] 그러나 이제 그리스도께서 죽은 자 가운데서 다시 살아 잠자는 자들의 첫 열매가 되셨도다 [21] 사망이 사람으로 말미암았으니 죽은 자의 부활도 사람으로 말미암는도다 [22] 아담 안에서 모든 사람이 죽은 것 같이 그리스도 안에서 모든 사람이 삶을 얻으리라 [23] 그러나 각

각 자기 차례대로 되리니 **먼저는** 첫 열매인 그리스도요
다음에는 그리스도 강림하실 때에 그에게 붙은 자요
[24] **그 후에는 나중이니** 저가 모든 정사와 모든 권세와
능력을 멸하시고 나라를 아버지 하나님께 바칠 때라
[25] 저가 모든 원수를 그 발 아래 둘 때까지 불가불 왕
노릇 하시리니 [26] 맨 나중에 멸망 받을 원수는 사망이
니라』

고린도전서 15장 23절과 24절은 부활의 순서에 대해서 다루고
있는데, 처음은 그리스도 예수께서 부활하셨고, 다음은 재림 때에
생명의 부활로 나타나는 자가 있고, 마지막으로 천년이 지난 후
에 심판의 부활로 나타나는 자들이 있다.

오늘날 많은 그리스도인들은 두렵고 떨림으로 구원을 이루라는
말씀의 참 의미를 깨닫지 못하고 있다. 믿음은 사람에게 속한 것
이 아니라 온전히 하나님의 은혜에 속해 있다. 이 은혜에서 떨어
져 나가지 않기를 조심해야 할 것이다.

많은 그리스도인들이 적그리스도 제국의 출현과 더불어 시험에
빠질 것이다. 마지막 때를 살아가는 사람들은 시험의 때를 반드
시 통과해야 한다. 그 시험이란 성도의 권세가 깨어지고, 666표
를 받게 하는 것이다. 많은 목회자들이 사람들의 몸에 주입하게
되는 칩이 666표가 아니라고 가르치며, 성도들을 유혹할 것이다.

이미 등장한 RFID 칩은 나노 기술의 집약체인데, 이것이 사람들을 인공위성으로 감시하고 통제하는 것이 가능하게 하는 칩이다.

사람들이 666 칩을 받은 후에 구원을 얻지 못하는 이유는 뇌파를 통제당하기 때문이다. 구원의 두 가지 차원을 기억해야 하는데, 이성적인 판단이 없으면 구원을 얻기 힘들다.

(롬 10:10)『사람이 마음으로 믿어 의에 이르고 입으로 시인하여 구원에 이르느니라』

구원을 얻음에 있어서, 마음으로 믿는 차원과 입으로 시인하는 차원이 있음을 기억할 필요가 있다.

적그리스도 제국이 등장하면 많은 사람들이 이들이 제공하는 칩을 받아야 하는지, 거절해야 하는지를 놓고 고민할 것이다. 성경은 생명책에 기록되지 못한 자들은 모두 이 칩을 받을 것이라고 경고하고 있다.

(계 13:7-8)『[7] 또 권세를 받아 성도들과 싸워 이기게 되고 각 족속과 백성과 방언과 나라를 다스리는 권세를 받으니 [8] 죽임을 당한 어린양의 생명책에 창세 이후로 녹명되지 못하고 이 땅에 사는 자들은 다 짐승에게 경배하리라』

(계 13:16) 저가 모든 자 곧 작은 자나 큰 자나 부자나 빈궁한 자나 자유한

자나 종들로 그 오른손에나 이마에 표를 받게 하고』

제2장 추수

성경에서는 추수에 대한 본문이 등장한다. 성경에서 추수는 이른 비의 추수와 늦은 비의 추수로 나뉜다. 추수는 두 번 되어진다는 말이 된다. 이른 비의 추수는 오순절과 초실절을 기준으로 하는 보리추수가 있다면, 늦은 비의 추수는 밀과 포도가 있다.

그렇다면 성경에서 말하는 추수는 무엇을 의미할까? 그것은 순교의 시대를 의미한다. 다시 말하면 추수란 거두어서 하늘 곡간에 들이는 죽음과 부활을 의미한다. 기독교 역사 가운데 이 추수는 두 번 약속되어져 있는데, 그것은 초대교회시대의 순교와 마지막 시대의 순교로 구분되어져 있다. 물론 그 기준은 이스라엘 자손들이 기준이 될 것이다. 1948년 이후로 이스라엘이 새로 등장한 것은 순교를 위한 것, 곧 추수를 위한 것이다. 아래의 본문에서 첫 열매란 예수 그리스도와 초대 교회의 사람들의 순교와 부활에 대한 것이다.

(고전 15:20) 『그러나 이제 그리스도께서 죽은 자 가운데서 다시 살아 잠자는 자들의 첫 열매가 되셨도다』

(약 1:18) 『그가 그 조물 중에 우리로 한 첫 열매가 되게 하시려고 자기의 뜻을 좇아 진리의 말씀으로 우리를 낳으셨느니라』

이제 추수에 대한 다른 본문들을 보면서 몇 가지를 더 나누어 보자.

(마 13:24-40) 『[24] 예수께서 그들 앞에 또 비유를 베풀어 가라사대 천국은 좋은 씨를 제 밭에 뿌린 사람과 같으니 [25] 사람들이 잘 때에 그 원수가 와서 곡식 가운데 가라지를 덧뿌리고 갔더니 [26] 싹이 나고 결실할 때에 가라지도 보이거늘 [27] 집 주인의 종들이 와서 말하되 주여 밭에 좋은 씨를 심지 아니하였나이까 그러면 가라지가 어디서 생겼나이까 [28] 주인이 가로되 원수가 이렇게 하였구나 종들이 말하되 그러면 우리가 가서 이것을 뽑기를 원하시나이까 [29] 주인이 가로되 가만 두어라 가라지를 뽑다가 곡식까지 뽑을까

염려하노라 [30] 둘 다 추수 때까지 함께 자라게 두어라 추수 때에 내가 추수꾼들에게 말하기를 가라지는 먼저 거두어 불사르게 단으로 묶고 곡식은 모아 내 곳간에 넣으라 하리라 [31] 또 비유를 베풀어 가라사대 천국은 마치 사람이 자기 밭에 갖다 심은 겨자씨 한 알 같으니 [32] 이는 모든 씨보다 작은 것이로되 자란 후에는 나물보다 커서 나무가 되매 공중의 새들이 와서 그 가지에 깃들이느니라 [33] 또 비유로 말씀하시되 천국은 마치 여자가 가루 서 말 속에 갖다 넣어 전부 부풀게 한 누룩과 같으니라 [34] 예수께서 이 모든 것을 무리에게 비유로 말씀하시고 비유가 아니면 아무것도 말씀하지 아니하셨으니 [35] 이는 선지자로 말씀하신 바 내가 입을 열어 비유로 말하고 창세부터 감추인 것들을 드러내리라 함을 이루려 하심이니라 [36] 이에 예수께서 무리를 떠나사 집에 들어가시니 제자들이 나아와 가로되 밭의 가라지의 비유를 우리에게 설명하여 주소서 [37] 대답하여 가라사대 좋은 씨를 뿌리는 이는 인자요 [38] 밭은 세상이요 좋은 씨는 천국의 아들들이요 가라지는 악한 자의 아들들이요 [39] 가라지를 심은 원수는 마귀요 추수 때는 세상 끝이요 추수꾼은 천사들이니 [40] 그런즉 가라지를 거두어 불에 사르는 것 같이 세상 끝에도 그러하리라』

위의 본문은 곡식과 가라지 비유라고 알려진 본문이다. 이 본문에는 곡식을 하나님의 자녀들로, 가라지를 마귀의 자녀들로 구분하고 있다. 가리지와 곡식 모두는 추수 때가 되어서야 거두어지는데, 가라지는 거두어서 불에 사르고, 곡식은 거두어서 하나님의 창고에 들이게 된다. 결국 추수란 죽음과 심판을 의미한다.

요한계시록에서 다루는 추수 또한 사람들의 죽음을 의미한다. 이 추수는 곡식에 대한 추수와 포도에 대한 추수로 나뉘는데, 곡식은 이방인들을 의미하고(16절), 포도는 이스라엘 사람들을 의미한다.(18절) 특히 포도의 추수는 예루살렘과 유다에서 어떻게 사람들이 많은 피를 흘리며 죽임을 당하게 되는가를 자세하게 보여주고 있다.

(계 14:14-20) 『[14] 또 내가 보니 흰 구름이 있고 구름 위에 사람의 아들과 같은 이가 앉았는데 그 머리에는 금 면류관이 있고 그 손에는 이한 낫을 가졌더라 [15] 또 다른 천사가 성전으로부터 나와 구름 위에 앉은 이를 향하여 큰 음성으로 외쳐 가로되 네 낫을 휘둘러 거두라 거둘 때가 이르러 땅에 곡식이 다 익었음이로다 하니 [16] 구름 위에 앉으신 이가 낫을 땅에 휘두르매 곡식이 거두어지니라 [17] 또 다른 천사가 하늘에 있는 성전에서 나오는데 또한 이한 낫을 가졌더라 [18] 또 불을 다스리는 다른 천사가 제단으로부터 나와 이

한 낫 가진 자를 향하여 큰 음성으로 불러 가로되 네 이한 낫을 휘둘러 땅의 포도송이를 거두라 그 포도가 익었느니라 하더라 [19] 천사가 낫을 땅에 휘둘러 땅의 포도를 거두어 하나님의 진노의 큰 포도주 틀에 던지매 [20] 성 밖에서 그 틀이 밟히니 틀에서 피가 나서 말굴레까지 닿았고 일천 육백 스다디온에 퍼졌더라』

위의 본문은 요한계시록 13장에서의 적그리스도 제국의 등장 후에 다루어지는 본문으로 이방과 이스라엘에서 사람들이 죽임을 당할 것을 경고한 내용이다. 이러한 본문을 이해하려면 '신세계 질서'에 대한 나름의 지식이 필요하리라 생각된다.

첫째 부활

부활에는 생명의 부활과 심판의 부활이 있다.

(요 5:29) 『선한 일을 행한 자는 생명의 부활로, 악한 일을 행한 자는 심판의 부활로 나오리라』

생명의 부활은 첫째 부활에 해당하고, 심판의 부활은 천년이 지난 후에 일어나는 부활이다. 생명의 부활의 특징이 있다면 심판이 없다는 것이고, 심판의 부활은 모든 사람들(산 자들 - 믿는 자들, 죽은 자들 - 믿지 않는 자)이 심판에 참여하게 된다는 것이다.

생명의 부활의 첫째 부활에 대한 내용은 다음과 같다.

(계 20:1-6) 『[1] 또 내가 보매 천사가 무저갱 열쇠와 큰 쇠사슬을 그 손에 가지고 하늘로서 내려와서 [2] 용을 잡으니 곧 옛 뱀이요 마귀요 사단이라 잡아 일 천 년 동안 결박하여 [3] 무저갱에 던져 잠그고 그 위에 인봉하여 천 년이 차도록 다시는 만국을 미혹하지 못하게 하였다가 그 후에는 반드시 잠간 놓이리라 [4] 또 내가 보좌들을 보니 거기 앉은 자들이 있어 심판하는 권세를 받았더라 또 내가 보니 예수의 증거와 하나님의 말씀을 인하여 목 베임을 받은 자의 영혼들과 또 짐승과 그의 우상에게 경배하지도 아니하고 이마와 손에 그의 표를 받지도 아니한 자들이 살아서 그리스도로 더불어 천년 동안 왕 노릇 하니 [5] (그 나머지 죽은 자들은 그 천 년이 차기까지 살지 못하더라) 이는 첫째 부활이라 [6] 이 첫째 부활에 참예하는 자들은 복이 있고 거룩하도다 둘째 사망이 그들을 다스리는 권세가 없고 도리어 그들이 하나님과 그리스도의 제사장이 되어 천년 동안 그리스도로 더불어 왕 노릇 하리라』

첫째 부활은 마지막 나팔이 불리어지고 난 후부터 예수님의 재림이 있는 기간 동안 계속 일어나는 사건이다. 마지막 나팔이 불리어질 때 땅에서는 적그리스도 제국이 출현했고, 하늘에서는 전쟁이 있어서 사단이 패하여서 땅으로 내려왔다. 예수님과 그에게 속한 하늘 군대가 대기권에 진을 치면서 순교자들은 죽음을 보지 않는 상태에서 몸의 부활과 더불어 위로 올라가게 했다. 물론 죽는 바로 그 순간은 아니지만 시체가 버려지는 그 순간이 아닐까 생각한다. 마지막 나팔이 불리어지고 난 후에는 사망의 권세가 믿는 자들에게 아무런 의미도 주지 못한다.

(고전 15:52-54) 『[52] 나팔 소리가 나매 죽은 자들이 썩지 아니할 것으로 다시 살고 우리도 변화하리라 [53] 이 썩을 것이 불가불 썩지 아니할 것을 입겠고 이 죽을 것이 죽지 아니함을 입으리로다 [54] 이 썩을 것이 썩지 아니함을 입고 이 죽을 것이 죽지 아니함을 입을 때에는 사망이 이김의 삼킨 바 되리라고 기록된 말씀이 응하리라』

마지막 나팔이 불리어지고 난 후에 영이 예수 그리스도를 공중에서 만난다는 것이 아니다. 부활의 몸으로 살아서 예수 그리스도를 만난다는 것이다. 그리고 첫째 부활에 참여한 사람들은 다스리는 권세를 가지게 될 뿐만 아니라 천국 잔치에 참여하게 된다.

(계 19:9) 『천사가 내게 말하기를 기록하라 어린양의 혼인 잔치에 청함을
입은 자들이 복이 있도다 하고 또 내게 말하되 이것은 하나님의
참되신 말씀이라 하기로』

어린양의 혼인 잔치

어린양은 예수 그리스도를 의미한다. 그리고 신부는 새 예루살
렘을 의미한다. 처음 예루살렘이 음부요 음녀였다면 새 예루살렘
은 신부인 것이다.

(사 54:1-10) 『[1] 잉태치 못하며 생산치 못한 너는 노래할지어다 구로치
못한 너는 외쳐 노래할지어다 홀로 된 여인의 자식이 남편
있는 자의 자식보다 많음이니라 여호와의 말이니라 [2] 네
장막터를 넓히며 네 처소의 휘장을 아끼지 말고 널리 펴되
너의 줄을 길게 하며 너의 말뚝을 견고히 할지어다 [3] 이는
네가 좌우로 퍼지며 네 자손은 열방을 얻으며 황폐한 성읍들
로 사람 살 곳이 되게 할 것임이니라 [4] 두려워 말라 네가
수치를 당치 아니하리라 놀라지 말라 네가 부끄러움을 보지

아니하나라 내가 네 청년 때의 수치를 잊겠고 과부 때의 치
욕을 다시 기억함이 없으리니 [5] 이는 너를 지으신 자는 네
남편이시라 그 이름은 만군의 여호와시며 네 구속자는 이스
라엘의 거룩한 자시라 온 세상의 하나님이라 칭함을 받으실
것이며 [6] 여호와께서 너를 부르시되 마치 버림을 입어 마
음에 근심하는 아내 곧 소시에 아내 되었다가 버림을 입은
자에게 함 같이 하실 것임이니라 네 하나님의 말씀이니라
[7] 내가 잠시 너를 버렸으나 큰 긍휼로 너를 모을 것이요
[8] 내가 넘치는 진노로 내 얼굴을 네게서 잠시 가리웠으나
영원한 자비로 너를 긍휼히 여기리라 네 구속자 여호와의 말
이니라 [9] 이는 노아의 홍수에 비하리로다 내가 다시는 노
아의 홍수로 땅 위에 범람치 않게 하리라 맹세한 것 같이 내
가 다시는 너를 노하지 아니하며 다시는 너를 책망하지 아니
하기로 맹세하였노니 [10] 산들은 떠나며 작은 산들은 옮길
지라도 나의 인자는 네게서 떠나지 아니하며 화평케 하는 나
의 언약은 옮기지 아니하리라 너를 긍휼히 여기는 여호와의
말이니라』

위의 본문은 예루살렘은 하나님의 아내였다고 증거하고 있고(5
절), 하나님의 아내는 특정한 사람을 칭하는 것이 아니라 예루살
렘 자체를 의미한다는 것을 알 수 있다. 그리고 예루살렘이 음부

로 타락했다는 것을 알 수 있다.

(겔 16:30) 『나 주 여호와가 말하노라 네가 이 모든 일을 행하니 이는 방자
한 <u>음부의 행위</u>라 네 마음이 어찌 그리 약한지』

(겔 16:35) 『그러므로 <u>너 음부야</u> 여호와의 말을 들을지어다』

에스겔서 16장 35절에서 말하고 있는 음부는 예루살렘이다.

어린양의 신부

어린양의 신부는 분명 사람이 아니다. 많은 사람들이 잘못 오
해해서 자신을 그리스도의 신부라고 착각하고 있는 경우가 많은
데, 이것은 성경의 본문을 자세히 보지 않아서 오는 오해일 것
이다.

다음의 본문은 어린양의 신부를 분명하게 정의하고 있다.

(계 21:9-14) 『[9] 일곱 대접을 가지고 마지막 일곱 재앙을 담은 일곱 천사
중 하나가 나아와서 내게 말하여 가로되 이리 오라 <u>내가 신
부 곧 **어린양의 아내**를 네게 보이리라</u> 하고 [10] 성령으로 나

를 데리고 크고 높은 산으로 올라가 하나님께로부터 하늘에서 내려오는 **거룩한 성 예루살렘을 보이니** [11] 하나님의 영광이 있으매 그 성의 빛이 지극히 귀한 보석 같고 벽옥과 수정 같이 맑더라 [12] 크고 높은 성곽이 있고 열두 문이 있는데 문에 열두 천사가 있고 그 문들 위에 이름을 썼으니 이스라엘 자손 열두 지파의 이름들이라 [13] 동편에 세 문, 북편에 세 문, 남편에 세 문, 서편에 세 문이니 [14] 그 성에 성곽은 열두 기초석이 있고 그 위에 어린양의 십이 사도의 열두 이름이 있더라』

하나님은 왜 어린양의 신부로 사람이 아닌 예루살렘을 말씀하시고 계신 것일까? 그것은 예수 그리스도께서 거하실 처소를 의미하기 때문일 것이다.

예루살렘이 하나님의 아내였던 이유는 그곳이 하나님의 처소였기 때문인 것과 같은 이유이다.

천년왕국

천년왕국은 세상을 정결케 하는 초막절 기간과 같다. 천년왕국 기간 동안 첫째 부활에 참여한 사람들이 그리스도와 함께 세상을 다스리게 되는데. 이 기간은 세상을 정결케 하는 기간이다. 물론 예수를 믿지 않은 자들도 살아있어서 후에 사단과 더불어 반란을 일으키기도 한다. 천년왕국은 어린양의 혼인 잔치 이전에 일어나는 사건으로 사람들에게 '여호와께 성결' 하도록 가르치는 기간이다.

다음의 본문이 천년왕국에 대한 본문이다.

(슥 14:8-21) 『[8] 그 날에 생수가 예루살렘에서 솟아나서 절반은 동해로, 절반은 서해로 흐를 것이라 여름에도 겨울에도 그러하리라 [9] 여호와께서 천하의 왕이 되시리니 그 날에는 여호와께서 홀로 하나이실 것이요 그 이름이 홀로 하나이실 것이며 [10] 온 땅이 아라바 같이 되되 게바에서 예루살렘 남편 림몬까지 미칠 것이며 예루살렘이 높이 들려 그 본처에 있으리니 베냐민 문에서부터 첫 문 자리와 성 모롱이 문까지 또 하나넬 망대에서부터 왕의 포도주 짜는 곳까지라 [11] 사람이 그 가운데 거하며 다시는 저주가 있지 아니하리니 예루살렘이 안연히 서리로다 [12] 예루살렘을 친 모든 백성에게 여호와께서 내리실 재앙이 이러하니 곧 섰을 때에 그 살이 썩으며 그 눈이 구멍 속에서 썩으며 그 혀가 입속에서 썩을 것이요 [13] 그 날에 여호와께서 그들로 크게 요란케 하시리니 피차 손으로 붙잡으며 피차 손을 들어 칠 것이며 [14] 유다도 예루살

렘에서 싸우리니 이 때에 사면에 있는 열국의 보화 곧 금 은과 의복이 심히 많이 모여질 것이요 [15] 또 말과 노새의 약대와 나귀와 그 진에 있는 모든 육축에게 미칠 재앙도 그 재앙과 같으리라 [16] 예루살렘을 치러 왔던 열국 중에 남은 자가 해마다 올라와서 그 왕 만군의 여호와께 숭배하며 초막절을 지킬 것이라 [17] 천하만국 중에 그 왕 만군의 여호와께 숭배하러 예루살렘에 올라오지 아니하는 자에게는 비를 내리지 아니하실 것인즉 [18] 만일 애굽 족속이 올라오지 아니할 때에는 창일함이 있지 아니하리니 여호와께서 초막절을 지키러 올라오지 아니하는 열국 사람을 치시는 재앙을 그에게 내리실 것이라 [19] 애굽 사람이나 열국 사람이나 초막절을 지키러 올라오지 아니하는 자의 받을 벌이 이러하니라 [20] 그 날에는 말방울에까지 **여호와께 성결**이라 기록될 것이라 여호와의 전에 모든 솥이 제단 앞 주발과 다름이 없을 것이니 [21] 예루살렘과 유다의 모든 솥이 만군의 여호와의 성물이 될 것인즉 제사 드리는 자가 와서 이 솥을 취하여 그 가운데 고기를 삶으리라 그 날에는 만군의 여호와의 전에 가나안 사람이 다시 있지 아니하리라』

다른 본문을 보자.

(사 66:18-21) 『[18] 내가 그들의 소위와 사상을 아노라 때가 이르면 열방과 열족을 모으리니 그들이 와서 나의 영광을 볼 것이며 [19] 내가 그들 중에 징조를 세워서 그들 중 도피한 자를 열방 곧 다시스와 뿔과 활을 당기는 룻과 및 두발과 야완과 또 나의 명성을 듣지도 못하고 나의 영광을 보지도 못한 먼 섬들로 보내리니 그들이 나의 영광을 열방에 선파하리라 [20] 나 여호와가 말하노라 이스라엘 자손이 예물을 깨끗한 그릇에 담아 여호와의 집에 드림 같이 그들이 너희 모든 형제를 열방에서 나의 성산 예루살렘으로 말과 수레와 교자와 노새와 약대에 태워다가 여호와께 예물로 드릴 것이요 [21] 나는 그 중에서 택하여 제사장과 레위인을 삼으리라 여호와의 말이니라』

이 본문에서 다루고 있는 것은 천년왕국 기간 동안 사람들을 보내어서 아직 하나님을 알지 못하는 사람들에게 예수님의 재림을 알리게 된다.

새 하늘과 새 땅

새 하늘과 새 땅은 어린양의 혼인 잔치가 발단이 되면서 시작되는 그리스도의 나라이다. 새 예루살렘이 사람에 의해서가 아니라 하나님에 의해서 준비되어지면서 본격적인 하나님의 나라가 출범하게 된다. 이 나라의 특징이 있다면 제2의 삶이 기다리고 있다는 것이다.

그리스도의 나라는 최후 심판이 끝이 나고 구원을 얻은 자들이 업을 누릴 수 있는 때이기도 하다.

(단 12:13) 『너는 가서 마지막을 기다리라 이는 네가 평안히 쉬다가 끝날에는 네 업을 누릴 것임이니라』

다니엘에게 약속된 것은 부활과 천년왕국과 새 하늘과 새 땅에서 누리게 될 업에 대한 것이다. 다니엘은 영의 안식을 얻었을 뿐만 아니라 제2의 삶을 약속받은 것이다.

1. (사 11:5-10) 『[5] 공의로 그 허리띠를 삼으며 성실로 몸의 띠를 삼으리라 [6] 그 때에 이리가 어린양과 함께 거하며 표범이 어린 염소와 함께 누우며 송아지와 어린 사자와 살찐 짐승이 함께 있어 어린 아이에게 끌리며 [7] 암소와 곰이 함께 먹으며 그것들의 새끼가 함께 엎드리며 사자가 소처럼 풀을 먹을 것이며 [8] 젖먹는 아이가 독사의 구멍에서 장난하며 젖 뗀 어린 아이가 독사의 굴에 손을 넣을 것이라 [9] 나

의 거룩한 산 모든 곳에서 해됨도 없고 상함도 없을 것이
니 이는 물이 바다를 덮음 같이 여호와를 아는 지식이 세
상에 충만할 것임이니라 [10] 그 날에 이새의 뿌리에서 한
싹이 나서 만민의 기호로 설 것이요 열방이 그에게로 돌아
오리니 그 거한 곳이 영화로우리라』

2. (사 65:17-25) 『[17] 보라 내가 새 하늘과 새 땅을 창조하나니 이전 것
은 기억되거나 마음에 생각나지 아니할 것이라 [18] 너
희는 나의 창조하는 것을 인하여 영원히 기뻐하며 즐거
워할지니라 보라 내가 예루살렘으로 즐거움을 창조하
며 그 백성으로 기쁨을 삼고 [19] 내가 예루살렘을 즐거
워하며 나의 백성을 기뻐하리니 우는 소리와 부르짖는
소리가 그 가운데서 다시는 들리지 아니할 것이며 [20]
거기는 날 수가 많지 못하여 죽는 유아와 수한이 차지
못한 노인이 다시는 없을 것이라 곧 백 세에 죽는 자가
아이겠고 백 세 못되어 죽는 자는 저주받은 것이리라
[21] 그들이 가옥을 건축하고 그것에 거하겠고 포도원
을 재배하고 열매를 먹을 것이며 [22] 그들의 건축한
데 타인이 거하지 아니할 것이며 그들의 재배한 것을 타
인이 먹지 아니하리니 이는 내 백성의 수한이 나무의 수
한과 같겠고 나의 택한 자가 그 손으로 일한 것을 길이

누릴 것임이며 [23] 그들의 수고가 헛되지 않겠고 그들
의 생산한 것이 재난에 걸리지 아니하리니 그들은 여호
와의 복된 자의 자손이요 그 소생도 그들과 함께 될 것
임이라 [24] 그들이 부르기 전에 내가 응답하겠고 그들
이 말을 마치기 전에 내가 들을 것이며 [25] 이리와 어
린양이 함께 먹을 것이며 사자가 소처럼 짚을 먹을 것이
며 뱀은 흙으로 식물을 삼을 것이니 나의 성산에서는 해
함도 없겠고 상함도 없으리라 여호와의 말이니라』

3. (계 21:1-7) 『[1] 또 내가 새 하늘과 새 땅을 보니 처음 하늘과 처음 땅
이 없어졌고 바다도 다시 있지 않더라 [2] 또 내가 보매 거
룩한 성 새 예루살렘이 하나님께로부터 하늘에서 내려오니
그 예비한 것이 신부가 남편을 위하여 단장한 것 같더라
[3] 내가 들으니 보좌에서 큰 음성이 나서 가로되 보라 하
나님의 장막이 사람들과 함께 있으매 하나님이 저희와 함
께 거하시리니 저희는 하나님의 백성이 되고 하나님은 친
히 저희와 함께 계셔서 [4] 모든 눈물을 그 눈에서 씻기시
매 다시 사망이 없고 애통하는 것이나 곡하는 것이나 아픈
것이 다시 있지 아니하리니 처음 것들이 다 지나갔음이러
라 [5] 보좌에 앉으신 이가 가라사대 보라 내가 만물을 새
롭게 하노라 하시고 또 가라사대 이 말은 신실하고 참되니

기록하라 하시고 [6] 또 내게 말씀하시되 **이루었도다** 나는 알파와 오메가요 처음과 나중이라 내가 생명수 샘물로 목마른 자에게 값없이 주리니 [7] 이기는 자는 이것들을 **유업으로 얻으리라** 나는 저의 하나님이 되고 그는 내 아들이 되리라』

새 하늘과 새 땅은 새로운 제2의 삶에 대한 약속이 포함되어 있다. 이것은 영의 구원이 아니라 몸이 있는 온전한 구원이며, 또한 새로운 삶이 있는 구원이다. 나아가서 예수 그리스도께서 직접 다스리시는 하나님 나라의 시작이면서 동시에 모든 사람들이 비로소 창조의 목적대로 살아갈 수 있는 은혜의 날이기도 하다.

이제 심판을 통과한 모든 구원받은 사람들에게, 그들을 향해 창세 전에 계획된 원래의 삶이 시작된다.

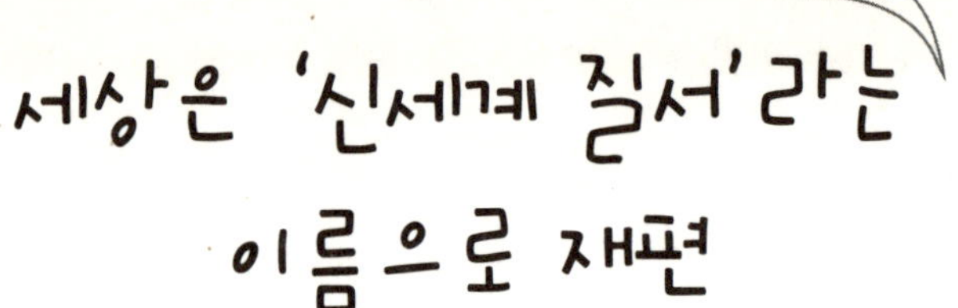

세상은 '신세계 질서'라는 이름으로 재편

성경이 말하는 구원은 영의 구원에서 멈추지 않는다. 또한 우리가 살고 있는 이 세계의 임금은 사단이다. 많은 그리스도인들은 예수님의 재림을 기다려야 할 이유가 있다. 그것은 이 세상은 '신세계 질서'라는 이름으로 재편되기 때문이며, 그의 대부분의 사람들이 버려진다.

지금 인류에게 가장 시급한 문제는 환경문제가 아니다. 그것은 바로 적그리스도 제국의 출현이다. 적그리스도 제국은 이라크에서부터 출발한다. 이미 미국은 이라크를 세계의 병참 기지로 삼았다. 보이는 것은 아무것도 없지만 이미 이라크의 사막에서는 세계를 무참히 파괴할 여러 가지 가공할 무기들이 만들어지고 있다.

2001년 9월 11일은 처음 인이 떼어지던 날이었다. 물론 이것은 필자의 개인적인 생각이다. 많은 사람들은 마지막을 외치고 있지만 벌써 멸망이 시작되고 있다는 것을 아는 사람은 많지 않다.

이 책의 내용은 상상력을 동원해서 나름대로 풀어본 것이다. 주석 책도 아니고 설교집도 아니다. 개인의 생각을 담은 수필 정도로 생각할 수 있을 것이다. 하지만 많은 사람들이 시대를 보는 나름의 안목을 가졌으면 한다. '신세계 질서'라는 말의 깊은 의미를 이해하는 사람들이 있다면, 앞으로의 미래가 다수를 위해서가 아니라 소수를 위해서 준비될 것임을 이해할 수 있을 것이다.

21세기의 진화 속도는 인위적인 것을 넘어 가히 충격적인 수준이다.